女自 여자의 발견

2030 여우들의 고군분투 사회생활기

女自 여자의 발견

2030 여우들의 고군분투 사회생활기

2006년 08월 01일 1판 1쇄 펴냄
2007년 11월 09일 1판 5쇄 펴냄

지은이 최지안
펴낸이 구모니카

책임편집 구애리
교정교열 황내도
디자인 이윤임
마케팅 M.com

출력 상지피앤아이
인쇄 천일문화사
제본 민우사

펴낸곳 M&K
등록 2005년 1월 13일 제7-292호
주소 서울시 마포구 서교동 369-20 1층
전화 02-323-4610
팩스 02-323-4601
e-mail nikaoh@hanmail.net
2030여자 클럽 2030womenselfhelp.cyworld.com
M&K 싸이타운 http://town.cyworld.com/mnk
ISBN 89-957101-2-8 03840

국립중앙도서관 출판시도서목록(CIP)

여자의 발견 : 2030 여우들의 고군분투 사회생활기 / 지은이: 최지안
-- 서울 : M&K, 2006
 p. ; cm
ISBN 89-957101-2-8 03840 : ₩10000
337.104-KDC4
305.402-DDC21   CIP2006001490

2030 여우들의 고군분투 사회생활기

女自
여자의
발견

| 최지안 지음 |

M&K

바람의 방향이 바뀌고

계절은 흘러가도

여전히 아침마다 울려대는 알람 소리에

심장이 떨립니다.

세상 모든 이들이 즐거운데

왜 나만 힘든 것 같을까요.

무언가 다른 세상이 있을 것 같은 느낌에

휩싸이기도 합니다.

하루에도 열두 번 마음의 방황을

* * * * * * * * * * * 경험하는 세상의 모든 2030 여자들에게

이 책에 실린 20명의 이야기가

한 알의 비타민이 되고

인생길의 가이드가 되길 바랍니다.

"삶은 달콤하고 무한한 가능성과

그 가능성의 실현으로 가득 찬 꿈이다" 라고

칼릴 지브란은 말했습니다.

그대 인생의 달콤한 꿈을 이 책과 함께 실현시켜 보세요.

더 이상 이론서는 읽지 마라 *
모든 것은 당신과 이 책 안에 있다

사회생활 10년을 뒤돌아보며 시작된 새로운 꿈

책의 시작은 단순했다.

나는 습관처럼 매해 한 해 계획과 향후 몇 년간의 계획을 수정하고 보완하는 시간을 갖는다. 2005년 1월 1일, 노트를 펴들고 지난 한 해를 돌아보고 앞으로 1년을 생각하던 중 문득 잡지기자를 시작한 지 10년째에 접어들었다는 것을 깨달았다. 12번 마감을 끝내면 한 해를 훌쩍 넘기는 생활 패턴 속에서 10년을 지내왔다니…. 그 시간들 속에서 나는 무엇을 보고 무엇을 느끼며 살았을까? 수많은 사유와 밤을 지새우는 고민들, 가슴 따뜻한 사람들과의 만남, 그리고 끊임없이 변해가는 세상. 나는 그 치열하고도 아름다운 삶의 현장 속에서 많은 것을 체험하고 체득하며 살아왔다. 이제 10년을 지나온 시점에서 내가 보고 느낀 많은 것을 가지고, 무언가 할 수 있는 일을 찾기로 마음먹었다.

그래 책을 쓰자! 어떤 책을 쓸 수 있을까 고민하며 기획안을 쓰기 시작했다. 다양한 분야의 책을 기획하며 스스로를 대견해하고 있을 때, 몇 곳의 출판사로부터 '책을 써보지 않겠냐'는 제안이 들어왔다. 가히 기적 같은 일이었다. 책에나 나올 법한 '준비된 자에게 기회가 온다'는 아포리즘이 내게 현실로 다가온 순간이었다. 기다렸다는 듯이 기획안을 보냈고, 2030 여자의 삶에 대해 열띤 토론을 함께한 '2030 여자 출판사' M&K와 연을 맺게 되었다.

너희들이 읽을 수 있는, 읽어야 하는 책을 만들게

잡지에서 일해 온 수 년간 신간 담당을 하며 매달 쏟아져 들어오는 책들을 보고 한숨을 쉬기 여러 번이었다. 신간 중에서도 가장 많은 비중을 차지하는 자기계 발서와 실용서들은 현실과 동떨어진 이론만을 떠들어대거나, 우리 실정과 맞지 않는 이야기가 담긴 번역서가 대부분이었고, 이름만 대도 알 만한 유명한 사람들의 성공서는 말 그대로 먼 나라 이야기였다. 그저 좋은 문장 몇 개를 건지는 것으로 만족해야 할 때가 많았다. 그래서 결심했다. 나와 같이 고군분투하며 세상을 살아가고 있는 2030 여자들을 위해, 내가 나서야 한다!
나의 20대를 돌아보아도, 나의 친구들, 선배들과 후배들을 봐도, 내가 몸담고 있는 잡지의 20대 독자들을 봐도 그들에게 필요한 것은 단 한 가지라는 것을 알았다. 살아 있는 인생 선배들의 즈언이 필요하다는 것! 어디로 가야 할지 몰라 방황하고, 그래서 힘들고, 세상고 부딪히며 일하고, 좌절하고 실패하고, 다시 일어서고, 그러는 동안 배우고 깨달은 선배들의 살아 있는 조언 말이다. 독자와 그들을 만나게 해주는 것이 내가 해야 할 일이라는 확신이 생겼다. 나의 인생에도 선배들의 생생한 이야기에서 발견한 힌트가 큰 힘이 되어주었으니까. 나에게 깨달음을 주었던 2030 뚝심 여전사들을 독자들에게 소개할 것을 생각하니 마냥 신이 났다.

우리 모두 다양한 '인생의 과정'을 살고 있다

이 책에는 다양한 분야에서 열심히 살아가고 있는 여자 20명의 이야기가 담겨 있다. 만일 성공한 유명인들의 이야기를 바란다면 다른 책을 보는 게 낫겠다. 이 책에는 이룬 것보다는 이룰 것이 많은 '현재 진행형'을 살고 있는 2030 여자들의 치열한 삶의 현장이 있을 뿐이다. 그녀들을 만나면서 깨달은 것은 딱 한 가지였다. 거저 먹는 밥상, 쉬운 인생길은 없다는 것. 모든 결과에는 그만큼의 노력이 따랐고, 무언가 얻기 위해서는 어떠한 '과정'을 지나야 한다는 것이다. 그것이 완성된 천으로 태어날지 불확실해도 씨실과 날실이 엮어져가는 그 과정 하나하나가 얼마나 소중한지, 여러분 모두 느끼기를 바란다.

학교를 떠나 직업을 가져야 할 때, 무엇을 할 것인지를 결정하기 위해서는 먼저 나 자신을 파악하는 자기발견의 과정을 거쳐야 한다. 그리고 하고 싶은 것을 정했다면 그것을 이루기 위해 노력하는 과정이 필요하고, 취업을 하면 사회에 적응하는 과정도 필요하다. 그 과정 없이 이룰 수 있는 것은 없다. 그러므로 우리 모두는 늘 다음을 위한 '과정'에 살고 있다는 것. 이 모든 과정 속에서 무언가를 '발견'해가는 것이 우리의 숙명 아닐까.

2006년 상반기 통계를 보면 여성의 사회진출 인구가 처음으로 50%를 넘었다고 한다. 이 중 2030 여자들이 차지하는 비중이 8할이다. 그녀들 모두가 비슷한 과정을 겪으며 고민하고 있을 것을 생각하자니 좀더 편안하고 안전하게 만들어주고픈 마음이 간절하다. 그렇다! 2030 여자들이 서로를 보듬고, 서로의 멘토가 되어 주어야 할 때라는 결론….

그 첫 번째 숙제로 다양한 분야에서 전문가로 살아가고 있는 20명의 개성 있는 삶 속에서 그녀들의 자기발견력과 사회생활 노하우를 만나보자. 특히 공감 가는 인물이 있을테지만 각각 다르게 배울 점들이 있을 것. 관심 없는 분야에서 일하고 있는 사람의 이야기일지라도 눈여겨보기를 바란다. 분야만 다를 뿐 결국 일은 사람과 사람이 하는 것이고, 하는 일은 달라도 사회생활은 다들 비슷하므로…. 한 사람에게서 한 가지만이라도 배울 수 있다면, 우리는 이 책을 통해 스무 개나 되는 사회생활 노하우를 배우게 된다. 이제, 내가 바라는 것은 이 책을 집어든 당신의 새로운 시작에 작은 힘이라도 전하는 것이다.

마음에 작은 움직임이 일었다면, 그 소리에 귀 기울이자. 그리고 움직이자! 결국 인생은 혼자 걸어가는 것. 주변에 좋은 동반자는 있어도 당신의 다리를 움직여 걸어가게 하는 건 당신의 의지다. 그리고 지금 이 순간, 20명의 서로운 동반자가 생겼으니 그들과의 즐거운 만남을 기대해도 좋다. 어쩌면 모든 것은 이미 당신 안에 있을지도 모른다.

20명의 멋진 여성들을 만나면서 '다 안다' 고 자만했던 인생이 다시 보이기 시작했다. '멋진 이야기를 들려줘야 해!' 라며 두 눈을 부릅뜨고 덤볐지만, 그녀들을 만나면 만날수록 '진실한 속내, 그 안의 고민과 사유들을 생생하게 전달할 수 있을까' 하는 부담감을 느낄 정도로 스스로 많은 것을 깨달았던 시간이다. 나에게 이런 특별한 기회를 주고 잡지일로 분주한 나를 일 년이나 믿고 기다려준 M&K 구모니카 대표, 끝없이 조언과 격려를 전해준 2030 친구들, 흔쾌히 자신들의 이야기를 들려준 20명의 '어여쁜 여전사' 들에게 마음 깊은 곳으로부터 감사를 전한다.

2030 여자들과 함께, 고뇌의 과정 속에서 멋진 것들을 발견해가며, 잘 살아내고 싶다. 예측할 수 없기에 더 기대되는 인생이지 않은가.

2006년 7월 12일

살아가는 세월 속 정겨운 인연을 믿으며, 최 지 안

PS. 나의 멘토이자 이상적인 부부상을 몸소 보여주고 계신 부모님께,
무한한 우주적 사랑을 날리는 바이다.

Contents

남자들과 일할 때는
미니스커트에
화장을 해라

시나리오 작가 | 고 윤 희

1974년생. 대학에서 심리학 전공. MBC방송아카데미 방송작가 과정
수료. SBS 〈접속! 무비월드〉, 〈한밤의 TV연예〉 방송 작가를 거쳐
29세에 한국시나리오작가협회에서 강좌를 듣다가 써낸 〈연애의 목적〉
이 영화진흥위원회 시나리오 공모에 당선. 2005년 봄에 개봉한 〈연애
의 목적:으로 백상예술대상, 청룡상, 여성영화인모임 등에서 각본상
을 받으며 화려한 데뷔식을 치렀다. TV 베스트극장 〈그 남자의 질투〉
가 방영되었고, 각색을 맡은 영화 〈어깨 너머의 연인〉이 2007년 10월
개봉했다. 현재 새로운 시나리오 작업과 잔혹한 연애사를 담은 연애 지
침서 출간을 앞두고 있다.

남자들과 일할 때는 [✱]
미니스커트에
화장을 해라

———

고.
윤.
희.

시나리오 작가

한 번에 한 가지밖에 못하는 성격이다.

일할 때는 일만 하고, 연애할 때는 연애에만 몰두해 일에 소홀하곤 했다.

그렇게 모든 걸 거는 스타일. 그래서 남들보다 더 상처받고 힘들었고

치이고 다쳤지만, 내가 원하는 한 가지만큼은 빨리 얻을 수 있었던 것 같다.

모든 걸 걸어야 한다. 그래야 얻는다.

女自 여자의 발견

각본상을 7개나 수상한 유명 시나리오 작가로 처음 만나게 된 고윤희. 유명 작가치고는 의외의 소탈함이 풍기는 웃음 띤 얼굴. 연신 이어지는 수다 속에서 왠지 모를 강렬한 끌림을 느꼈다. 방송작가를 했었다기에 그때도 주목받는 작가였겠지 했더니 그때와 지금은 상황이 많이 다르다는 말을 한다. 호기심 발동! '그때는 어땠는데' 를 시작으로 취조(?)에 들어가니, 군대라면 이런 고문관도 없었겠다 싶을 만큼 힘들었던 시절의 이야기가 술술 나온다. 무엇이 고윤희를 그렇게 힘들게 했고 결국 방송을 떠나게 만들었을까? 그 사연이 공개된다.

방송계에 있을 때 깨달은 바를 토대로 영화계에 들어온 고윤희는 이전의 자신을 버리고 전혀 다른 사람이 되기로 했단다. 동료 작가들을 보며 배운 처세술을 자신에게 맞게 응용해 '편하게 일해보자' 는 것이 변신의 목표. 그리고 그 변신의 비하인드 스토리 속에 우리 여자들에게 전해주는 뼈있는 메시지가 있다. 대부분의 직종이 그렇겠지만 특히 방송이나 영화는 남자들이 주도권을 잡고 있다 해도 과언이 아닐 것. 그렇게 남자들이 주도권을 잡고 있는 세상에서 여자가 인정받으며 살아가는 법을 배웠다는 고윤희, 그 방법은 무엇일까? 그녀의 영화 같은 사회생활 이야기를 만나보자.

사회생활의 깨달음을 준 '복숭아' 와의 만남

대학 때는 정말 열심히 놀았다. 나이트 좋아하고, 술 마시기 좋아하고, 친구들과 우르르 어울려 다니기 좋아해 소위 '날라리' 로 소문이 자자했을 만큼 열심히 놀았다. 공부를 멀리하고 놀았던 이유는 단순했다. '졸업과 동시에 결혼이나 하자' 생각했던 것. 자연스럽게 연애가 이어졌고, 졸업 즈음에는 결혼도 생각하게 되었다. 그런데 이게 웬일인가. 갑자기 원인 모를 공포감이 밀려들었고, 가족들 체면이고 뭐고 에라 모르겠다, 서울에 있는 아는 언니 집으로 도망쳐 왔다. 그렇게 상경, 한 달만 놀다

가야지 한 것이 어느새 10년이다.

"한 달이 지나니 눈치가 보이기 시작했지만 죽어도 집에는 내려가기 싫었어요. 서울에서 살아가야 할 이유를 찾아야 했고, 어떤 일을 하면 좋을까 처음으로 저를 들여다보았어요. 날라리 시절부터 그랬던 것 같은데, 실컷 놀다 들어오면 책 보고, 혼자 있고 했던 제가 떠오르더라고요. 그런 나한테 맞는 직업에는 무엇이 있을까? 그래 작가가 좋겠다, 생각했고 방송 아카데미 방송작가 과정을 수료하고 모 방송국 보도국에 출근하게 됐죠."

출근하자마자 고윤희가 처음 들은 말은 '허리 아래 일은 알아서 해라' 였다. 그 말이 무슨 뜻인지 나중에 알게 되었지만 어쨌든 첫 출근한 작가가 들어야 할 말이 아니라는 건 듣는 순간 느꼈다. 출근 후 얼마 안 지나 남한산성에 회식을 갔다. 비가 엄청 오던 날이었는데 하나 둘 술에 취하기 시작하더니 노래를 부르라고 했다. 부르고 싶지 않았다. 결국 머리에 맥주가 부어졌고 밖으로 나와 버렸다. 회식 사건 후 일 주일 만에 회사를 그만두었다. 억울하고 분했지만 떠나는 길밖에는 없었다. 그리고 방송국을 옮겨 〈접속! 무비월드〉 막내 작가로 들어가 복사부터 시작했다. 여기서 만난 '복숭아' 라는 여자는 고윤희 인생에 많은 깨달음을 준다. 복숭아는 가슴이 복숭아처럼 탐스럽고 예쁘게 생겨서 붙은 별명이라고. 누가 봐도 작가로서는 영 잼뱅인데 비중 있는 일을 하는 그녀, 대본을 잘 못 써와도 PD들이 고쳐주기까지 하더란다. 이유가 뭘까?

"PD들은 그녀와 한 번 만나고 싶어 안달이었어요. 어느 날 하루는 방송국 앞 커피숍에 앉아 있는데 복숭아와 한 PD가 들어오더군요. 그 PD는 나와 이야기할 때는 허리를 뒤로 제끼고 앉는데 그녀 앞에서는 팔을

테이블에 올려놓고 가능한 한 가까이 다가가려 하더라고요. 그녀의 힘은 무엇일까? 왜 너도나도 그녀와 일하고 싶어 할까? 나도 복숭아가 되어야 하나? 여러 생각이 들더군요."

복숭아를 아끼는 PD들을 지켜보며 고윤희는 남자들의 심리를 파악했다. 그리고 자신을 되돌아보았다. 언제나 퉁명스러운 말투, 일은 열심히 했지만 늘 싸울 준비가 되어 있는 전투적인 자세, 집중할 때는 주변에 신경을 못 써 인사도 제대로 못하는 주변머리, 옷차림은 언제나 청바지에 티셔츠, 얼굴은 피곤한 기색이 역력한 노메이크업. 복숭아는 달랐다. 일은 별로 못해도 언제나 상냥하게 인사 잘하고, 실수를 해도 귀여운 척 잘도 넘어가고, 적당히 힘들어하며 PD들에게 일을 시켜먹기도 하고, 옷차림은 언제나 복숭아를 과시하는 상의에 초미니스커트, 더불어 완벽 메이크업도 잊지 않는다. 복숭아와 자신을 비교하고 나니 결론은 하나였다. '이성의 끌림', '호의적 차별'을 적극 이용해야 한다는 사실! 남자들이 힘을 장악하고 있는 세계에서는 그것을 이용해야 한다는 것을 깨달았다. 그러나 어디 사람 천성이 쉬 바뀌겠는가. 복숭아와 그녀의 PD들에게 적응 못하고 나와서 연예 프로그램 작가로 3개월 정도 일했다. 그러나 그곳에서도 자기를 포장할 줄 모르는 고집불통, 독불장군 작가로 왕따를 당하게 된다.

"그때 방송작가 세계의 암투에 지쳐 결심했어요. 더 늦기 전에 떠나자! 성공해서 돌아와 밟아주자! 돈도 못 벌고, 인정도 못 받고, 이렇게 힘든데, 뭘 위해 더 버티어야 하나? 차라리 다른 걸 하자! 결심했어요. 결국 '난 내가 지켜야 한다'는 이치를 깨닫고 저의 새로운 인생을 시작하기로 했지요."

그렇게 열심히 일했건만 방송은 자신과 맞지 않는다는 걸 깨달은 29세. 방송계를 떠나 무엇을 할까 고민하던 중에 〈접속! 무비월드〉를 하며 영화에 빠져 있던 시절 미미하게나마 꿈꾸던 시나리오 작가가 떠올랐다. 게다가 시나리오 작업은 혼자 하는 것이 아니던가, 매력만점의 직업이었다.

결국 고윤희는 방송작가 생활 동안 같은 여자 작가들과의 관계, 남자 PD들과의 관계 모두 실패임을 인정해야 했다. 그나마 다행인 것은 새로운 꿈이 시작되었다는 것, 그리고 남자들과 일할 때는 어느 정도 '꽃뱀 전략'을 이용해야 한다는 것을 깨달았다는 것. 영화계로 가서는 그런 깨달음을 유념하고 생활에 적용하면 될 터였다.

"엉뚱하고 독특한 성격은 개성이 될 수 있지만 자신의 이야기에 늘 토달고 대드는 후배는 당연히 밉상이겠죠. 방송작가처럼 상하 체계가 확실한 분야가 아니더라도 누군들 불퉁불퉁한 후배를 예뻐할 수 있겠어요. 함께 일하면서 불편함을 준다면 꺼리게 되는 게 당연한 것 같아요. 게다가 '이왕이면 다홍치마'라고 사실 예쁜 사람하고 일하고 싶은 게 사람 마음 아니겠어요? 저도 그런걸요. 굳이 자신을 가꾸는 여자를 좋아하는 남자 욕할 필요가 있겠나 싶어요."

여자여, 호의적 차별을 적극 활용하자!

고윤희는 시나리오 작가가 되기 위해 시나리오작가협회의 강좌를 듣는다. 이것이 마지막이라 생각했고, 방송에서는 못했지만 영화계에서만큼은 잘해보자 결심했다. 복숭아에게서 배운 것, 힘든 방송 생활에서 다

저진 내성으로 한 번 부딪혀보자 마음먹은 것. 유연해진 마음가짐 때문일까? 시나리오 작가로서는 시작이 좋았다. 시나리오 작가는 데뷔하기가 힘들지 일단 한 작품만 영화화되어도 일이 밀려드는 편이다. 고윤희의 첫 작품인 〈연애의 목적〉이 영화진흥위원회 시나리오 공모에 당선되었으니, 그녀 나이 서른, 인생에 서광이 비친 것일까.

"〈연애의 목적〉이 개봉하기까지 1년이 넘는 시간 동안 저는 복숭아에게 배운 것을 실천해갔어요. 중요한 미팅일수록 미니스커트에 완벽 화장을 하며 외모에 더욱 신경 썼지요. 똑똑한 척은 절대 금물, 어리버리한 척하다가 은근슬쩍 할 말을 하는 거예요. '네네, 아 그렇군요' 하다가 '그런데요, 이런 건 어때요' 하는 식으로 반응했죠. 예전의 뻣뻣함을 버리니 일하기가 훨씬 편해진 게 사실이에요. 작가로서의 자존심, 글쎄요…, 저는 먹고 사는 것이 더 중요해요."

고윤희는 성격도, 신념도 강한 편이지만 새로 들어온 영화판에서만큼은 '나는 부족하다, 배워야 한다' 고 생각했던 것이다. 어찌 보면 젊은 시절의 마지막 꿈이 될 수도 있는, 영화에서 실패란 있을 수 없었다. 남자나 결혼은 이미 물 건너 간 듯 보이고, 이제 정말 스스로를 책임지기 위해 악착같이 돈을 벌어야 한다고 생각했다. 사실 지금까지 자존심은 일하는 데 전혀 도움이 되지 않았다. 나이 서른이 되어서야 다르게 보이기 시작한 세상, 그동안 지키려 애쓴 자존심은 고집에 가까웠다. 좋은 결과물을 얻기 위한 타협은 자존심을 버리는 것이 아니다. 함께 일하는 사람들과 좀더 편하게 일하는 방법일 뿐이다.

"솔직히 영화는 '감독의 역량' 아래 있기 때문에 늘 목마르고 배고파요. 워낙 어릴 적에 '결혼' 이 인생의 목표였고, 그간 연애 경험도 많고,

연애 영화만도 수백 편을 보았기 때문에 연애 이야기 만큼은 리얼하게 잘 쓸 수 있다고 생각했는데, 감독이 이해 못할 때도 많아요. 그래서 나중에 대사나 상황이 바뀌기도 하고요."

바로 이럴 때, 그간 학습한 '자존심 버리기' 전략이 빛을 발한다. 시나리오 작가로서 상황이나 대사가 고쳐지는 것은 자존심이 상할 만한 상황이지만 이해 부족이나 흥행성 등 다양한 이유로 감독이나 제작자에 의해 수정되는 경우가 많다. 예전 같으면 불같이 한판 붙었을지도 모르지만, 무조건 안 된다는 입장을 버리고, 절충하고 때론 포기도 했다. 마음을 단단히 먹어서인지 이제는 그냥 웃으며 넘어갈 수 있을 만큼 마음이 편해졌다. 오히려 그 과정 속에서 완성도 있는 작품을 만들어가는 방법을 배우고 있다는 그녀.

세상사 마음먹기 나름이라지만 사람이 이렇게 통째로 바뀔 수도 있다는 것이 신기하다. 그러나 잘 생각해보자. 내가 권력을 쥐고 있지 않은 이상 힘 있는 자와 잘 지내는 것은 중요하다. 영화판에서는 어쩔 수 없이 감독과 제작자가 권력자고 작가를 선택하는 사람들이다. 그들과 대립하고 대적할 이유가 무엇인가! 자연스럽게 현실을 인정하고 마음을 편하게 먹는 것이 최선의 방법일 수 있다. 영화계뿐 아니라 어떤 직업이든 결정권자들은 있다. 그들과의 관계를 만들어감에 있어 고윤희의 스토리를 유념하길. 게다가 우리 여자들에겐 '호의적 차별'이라는 특권까지 수혜되고 있지 않은가.

시나리오 작가로서 성공적인 데뷔식을 치른 뒤 TV 드라마도 쓰고 광고일도 하고 벌써 두 번째 영화가 촬영에 들어갔다.

"시나리오를 쓰면서 생각지도 못한 선입견에 부딪치고 있어요. 많은 사람들이 작품과 저를 동일시한다는 거예요. 한번은 〈연애의 목적〉이 개봉된 후에 광고일을 했는데, 회식자리에서 사진작가가 취해서는 '한 번 하자' 는 거예요. 그래서 '미친 거 아니에요!' 했더니 〈연애의 목적〉 썼잖아요! 쿨하게 한 번만, 누가 사귀재?' 그러더군요. 너무너무 화가 나서 다음날 회사에서 공개사과를 요구했지만 그래도 참을 수가 없어서 그 사람과 일 못하겠다고 했죠."

결국 사진작가가 잘리고 나서야 이 일은 일단락되었다. 비슷한 에피소드는 무궁무진하다. 또 한 번은 대학에 특강을 나갔는데 수강생의 2/3가 남자였다. 말을 잘 하는 편이 아니라 굉장히 지루한 강의였는데, 애써 졸음을 참고 견디어낸 몇몇 남자가 그녀에게 '차나 한 잔 하자' 며 서슴없이 다가왔다. 또 기자들과 인터뷰를 해도 영화가 실제 경험담이냐고 묻기 일쑤고, 써놓은 기사를 보면 등장인물과 비슷한 쿨한 여자로 조명하고….

"그러고 보니 이런 사회의 눈 때문에 지금까지 솔직한 영화들이 나오지 못했나 하는 생각도 들어요. 매 작품마다 지고지순한 동화 같은 멜로만 쓰는 한 작가 언니의 이미지가 작품에서처럼 순수하다고 알려져 있는데, 오히려 영화판에서 알아주는 내숭이라는 걸 사람들은 알까요? 어쨌든 그런 편견 무서워서 못 쓸 저도 아니지만 그리 유쾌한 경험들은 아니에요."

영화 내용이 너무 살아 있어서 이런 일도 일어난 거겠지만, 그런 한계를 뛰어 넘는 사람들만 만날 수는 없으니 거듭될 봉변들을 대비해야지 어쩌겠는가. 우리 모두 다양한 선입견들에 시달리며 살아가고 있는지도 모른다. 적어도 나 하나만이라도, 우리 여자들끼리라도 선입견을 버리고 누군가의 작업은 작업으로서 보려는 노력을 해야 하지 않을까.

힘 들 고 지 칠 때 기 댈 곳 이 필 요 하 다

최근 밀려드는 고민 하나, 그동안 사람한테 상처를 많이 받아 사람을 믿는 것이 불가능해진 자신의 모습이다. 방송하며 겪은 상처가 아물지 않아, 마음으로 아무도 믿지 않았고, 사람들과 좀처럼 가까워지기가 힘들었다. 마음을 닫으니 사람과 사람 사이의 따뜻함을 느끼지 못하고, 혼자 있는 시간이 많아지고, 그러다보니 인터넷 쇼핑을 많이 하게 되었다고.

"하루는 집에 쌓여 있는 박스들 속에 앉아 있으니 갑자기 서글프더군요. 사람에 대한 기대를 물건으로 대신하고 있는 모습이라니…, 생각해보니 우리는 내 아픔과 내 상처만 보는 것 같아요. 좀처럼 다른 사람의 것은 눈에 들어오지 않죠. 제가 다른 사람들에게 상처받고 사회생활이 힘들었다지만, 기억하지 못할 뿐 저도 다른 사람에게 상처를 줬을지도 몰라요. 그렇게 살아가는 거라고, 서로 부대끼며 상처를 주고받으며, 누군가는 나보다 더 힘들거라고 생각하기로 했어요. 그러다보면 저부터 사람들에게 잘하게 될 것이고 만나는 사람 10명 중 한 명만 좋은 사람이어도 평생 여럿의 진실한 인연을 만들 수 있겠죠."

'타인은 지옥이다' 고 했던가? 결국 우리 모두 사람 때문에 힘들지 않은가. 그런데 '사람만이 희망이다' 라는 말도 있지 않은가. 내가 받은 상처만큼 다른 이들도 상처받고 있다는 것을 인정하니 훨씬 마음이 편해졌다는 고윤희처럼 타인을 이해하고 먼저 사랑해보자.

당신은 힘들고 우울하고 지칠 때 어떻게 마음을 다스리나? 현대인 모두 나름대로 스트레스를 적절히 풀며 살아가는 방법을 갖고 있을 터, 시나리오 작가 고윤희는 이렇게도 위안을 얻는다.

"고갱의 '우리는 어디에서 와서 어디로 가는가' 라는 그림이 있어요. 우울하고 힘들고 고민 있을 때마다 인터넷에서 다운받아 놓은 그 그림을 봐요. 거의 매일 보죠. 천재 고갱도 이런 그림을 그린 걸 보면 나와 같은 마음이 아니었을까, 그도 힘들고 외롭고 불안했구나 생각하면 위안이 돼요."

"뒤를 돌아보면 기회를 찾아 쫓아가기보다는 기회가 주어지면 최선을 다하는 스타일인 것 같아요. 연애도 마찬가지고 일도 그랬어요. 연애는 자꾸만 이상한 놈들만 만나 실패하고 있지만 언젠가 '결혼하고 싶다' 는 소망을 이루는 날이 오겠죠. 한 번에 한 가지밖에 못하는 성격이라 일할 때는 일만 열심히 하고, 연애할 때는 연애에만 몰두하는 편이죠. 지금은 그저 열심히 일하고 있을 뿐이에요. 사실 연애에 빠지면 일에 소홀해져요. 그렇게 하나에 모든 걸 거는 스타일이죠. 그래서 남들보다 더 상처받고 힘들었고 치이고 다쳤지만, 내가 원하는 한 가지만큼은 빨리 얻을 수 있었던 것 같아요. 모든 걸 걸어야 해요. 그래야 얻는답니다."

　고윤희가 처음 자신의 이야기를 시작할 때는 '별일 없이 살아왔는데, 뭐 해줄 이야기가 있을까요' 라는 반응이었다. 그러나 본인 스스로 '맞다! 그런 일이 있었지' 하면서 하나 둘 풀어낸 지난 날들 속에는 사람과 사람이 있다. 사람 때문에 힘들었고, 사람을 통해 깨닫고 스스로를 변화시켰으며 사람을 포기하고 사람과 타협해온 시간들이다. 그리고 사람과 떨어져 혼자 살아가는 법 또한 배웠다. 그러나 인간관계의 해법을 찾은 것은 그녀를 더욱 빛나게 해준 두 번째 요인에 불과하다. 첫 번째는 스스로 내린 결론처럼 모든 걸 걸고 열심히 했기에 써낼 수 있었던 멋진 시나리오에 있다. 그것을 좀더 멋지게 세상에 내보내기 위해 복숭아에게서 배운 '꽃뱀 전략' 을 써먹을 뿐이다. 그렇다! 남자들의 횡포에 기죽을 필요 없다. 우리 여자들은 '호의적 차별' 을 이용할 수 있으니까!

인생에서
공짜로 얻는 것은
하나도 없다

*
광고 기획자 | **권 은 아**

1972년생. 대학에서 영문학 전공. 어릴 적부터 영화를 좋아해 영화감독을 꿈꾸었지만, 대학 4학년 때 친구 따라간 광고회사 시험에 '혼자' 붙어버려 아직까지 그 길을 가고 있다. 다른 일을 해볼까 고민하며 중간에 벌어놓은 돈을 모두 털어 유학도 다녀왔지만 역시 그녀에게는 '광고' 뿐. 외국계 광고회사인 레오버넷에 근무하며 온스타일TV의 콘트라섹슈얼 프로그램 출연으로 상당수의 팬들을 확보하고 있는 인기 AE로 승승장구했다. 2007년 영화 기획사 씨스타픽처스의 기획 이사를 거친 후, 현자 외국계 광고대행사 오길비원 부국장으로 활동 중이다.

인생에서 *
공짜로 얻는 것은
하나도 없다

권.
은.
아.

광고 기획자

회사를 다니다 떠난 유학 생활은 생각보다 너무나 힘들었다.

몇 번이나 아파트 난간에 기대어 죽어버릴까 생각했을 정도였으니까.

'그래 죽자! 그러나 내일 죽자!'라고 마음먹고 나서야

하루하루를 편하게 살아갈 수 있었다.

지금도 회사일이 힘들 때마다 생각한다.

'사표 내자! 그러나 내일 내자!'라고.

女目 여자의 발견

잘나가는 광고기획자이자, 인기 리얼리티 프로그램에 출연해 열혈 팬들까지 거느리고 있는 권은아. 미니스커트를 즐기는 늘씬한 몸매, 당당함이 묻어나는 외모로 일단 좌중을 압도하는 그녀다. 그러나 권은아의 진정한 매력은 외모가 아닌 내면에 있다. 학비 벌어가며 공부했던 대학시절부터 모든 것을 혼자 알아서 해오고 있는 그녀, 그렇기에 오랜 시간 자기단련을 통해 얻은 지혜들이 그녀의 내면을 꽉 채우고 있다.

자신의 이야기를 거침없이 할 수 있는 사람은 그리 많지 않다. 권은아가 그런 사람이다. 그녀와 대화를 나누고 있으면 거리낌 없는 인생 이야기에 빠져들게 된다. 그만큼 열심히 살았기에 가치관이 뚜렷한 것일 테고, 자신의 삶에 떳떳하기에 거짓이나 가식 없이 당당히 '공짜는 없었다' 고 이야기할 수 있을 테다. '겪은 일들이 많기에 해주고 싶은 이야기도 많다' 는 것은 누구보다 자신을 잘 알고 있다는 증거일 것이고…. 관리자의 위치에 올라선 지금도 열심히 감성을 채우기 위해 노력한다는 권은아의 사기충천 사회 생활기에는 또 무슨 사연이 있을까.

우연히 시작된 광고기획, 사회에 첫발을 딛다

권은아는 영화일을 하시던 아버지, 할아버지 덕에 어릴 적부터 공부 외에 영화 보는 일이 유일한 관심사였다. 그래서 영화감독이 되고 싶었지만 집안의 반대가 심해 포기하고, 드라마 PD가 되고 싶어 대학 졸업을 앞두고 시험을 봤지만 떨어지고…, 꿈은 좌절 그 자체였다. '이제 어떡하나' 고민하고 있는데 친구가 광고 회사 시험을 본다며 원서를 들고 왔다. 그때, 어둠 속에서 한줄기 빛을 만난 것처럼 '그래, 광고가 있었구나!' 라는 생각이 들었다고. 영상을 다루는 광고라면 재미있게 일할 수 있을 거라 생각했단다. 결과는 함께 지원한 친구들 중 권은아 혼자만 합격!

내 옷이 아닌 줄 알고 있었는데 입어보니 편안하게 맞는 옷을 만난 격이랄까, 권은아는 입사 후 적응이라는 말이 무색할 만큼 **빠르게** 광고의 세계에 빠져들었다. 광고라는 것이 '무형의 아이디어를 유형으로 만들어내는 작업' 이라면 광고 AE는 그 모든 작업의 리더 격. 그러니 성격 자체가 리더십이 강한 자신에게 꼭 맞는 직업을 찾은 것이다. 게다가 어릴 적부터 영상에 익숙해 있던 터라 아이디어도 많았고, 타고난 아침형 인간인지라 늘 일찍 회사에 나와 활짝 웃으며 인사하고, 메모하는 습관이 있어 늘 무언가 열심히 적고… 누가 이런 후배를 예뻐하지 않겠는가.

"광고는 과정이 힘들어도 결과물이 있어서 보람이 큰일이에요. 광고주에게 받는 스트레스도 있지만 일의 재미에 비할 수는 없죠. 그런데 만 3년을 미친 듯이 일하고 나니까, 지쳐버리더라고요. 일이 재밌을수록 광고에 대해 제대로 공부해보고 싶다는 생각도 들고, 무엇보다 사람들에게 시달리는 환경에서 잠시나마 벗어나고 싶어서 유학을 가야겠다 결심했어요. 그래서 과감히 사표를 던졌는데 IMF가 닥친 거예요. 환율이 급상승해 모아놓은 돈으로는 일 년을 버티기도 힘들겠더라고요. 그래서 유학 자금 마련을 위해 외국계 회사에 또 취업했답니다."

유학생활, 인생의 값진 교훈을 얻다

공부도 하고 싶었지만 사람들에게 시달리는 게 싫어 탈출구를 찾아 떠난 유학, 그러나 험난한 여정만이 그녀를 기다리고 있었다. 슬픈 영화를 볼 때도 눈물 한 번 흘린 적 없었는데 그곳에서는 정말 많이 울었다고. 그러나 그녀는 오히려 감성을 키울 수 있는 시간이었다고 말한다. 가장 힘

들었던 것은 인종차별. 아시아에서 온 여자에 대한 선입견은 무서우리만
치 심했고, 더불어 약해지는 자신과 끊임없이 싸워야 했다.

　"모든 게 너무 힘들어서 그래 그냥 죽어버리자고 생각한 게 한두 번이
아니에요. 엉키고 엉켜서 절대로 풀 수 없는 실타래를 움켜쥐고 있는 것
보다 그냥 끊어버리는 게 낫다고 생각했죠. 어느 날, 아파트 난간에 서서
세상을 바라보며 생각했어요. '그래 죽자, 그러나 내일 죽자!' 그렇게
생각하고 나니 마음이 편해지더라고요. 회사생활을 하는 지금도 힘들 때
면 생각해요. '그래 사표 내자! 그러나 내일 내자!' 그렇게 매일매일 내
일 사표 낼 각오로 일하니 열심히 하게 되던 걸요."

　"외국 생활이 다 그런 거지 뭐가 그렇게 힘들었냐?"고 묻는 사람도 있
다. 어떤 일을 하든 어디에 있든 사람 사이에서 살아가게 돼 있는 우리들,
그런데 그 사람들이 나를 밀어낸다고 느끼는데서 오는 외로움은 느껴보
지 않은 사람은 모를 것이다. 때로 외로움은 사람을 죽게도 하지 않는가.
하지만 권은아는 이겨냈고, 그 과정에서 '나보다 잘난 사람한테 주눅들
필요도 없고, 못난 사람한테 우월감을 가질 필요도 없다'는 것을 깨달았
다. 그렇게 깨달음을 얻으니 어느새 얼굴 표정도 바뀌었다고 한다. 예전
엔 표독스럽다는 말을 들을 정도로 차가웠는데, 부드러워졌다고 할까.
무엇보다 모든 걸 스스로 이겨낸 자신에 대한 믿음, 그것이 유학이 준 가
장 값진 선물이었다.

　그렇게 유학생활을 끝내고 돌아오는 길, 권은아에게는 카드로 결제한
비행기표 한장이 전부였다. 나이는 어느새 서른이 되어 있었지만 앞으로
뭘 할지에 대한 걱정은 없었다. 모든 여정을 훌륭하게 마치고, 돌아가는
비행기 안에 있다는 것 자체로 그저 기쁠 뿐이었다고.

제 2의 광고 인생, 사람만이 희망이다

한 푼도 없이 새로 시작한 서울 생활. 권은아는 돌아오자마자 대출을 받아 방 한 칸을 마련하고 취직자리를 알아보기 시작했다. 그러던 중 예전에 함께 일했던 분이 '레오버넷' 이라는 외국계 광고회사를 소개해주었고 그곳은 바로 그녀가 찾던 조건의 회사였다.

"사람을 소개한다는 것은 그리 쉬운 일이 아니에요. 그때 저를 이 회사에 소개한 분은 3년 전 잠깐 함께 일했던 분이셨는데 저를 믿고 기억해준 것은 너무나 고마운 일이죠. 이래서 누구한테나 좋은 인상을 남기는 건 중요한 것 같아요."

사람을 소개하는 일은 쉬운 일이 아니다. 만약에 내가 소개한 그 사람이 일을 제대로 못하면 나의 평가에까지 영향을 미치기 때문에 믿는 사람이 아니면 선뜻 나서기 힘든 게 사실이다. 사회생활을 하면서 누구를 어디서 어떻게 만나게 될지, 누가 나의 지원군이 될지, 친구가 될지, 적이 될지 아무도 모른다. 그래서 자기관리, 인맥관리가 필요한 것이다.

다시 사람들에 치이며 일을 따내고 광고를 만든 지도 벌써 5년. 권은아는 업무적으로도 어느 정도 위치에 올랐고, 일하며 알게 된 사람들도 많고 관리해야 할 부하 직원들도 생겼다.

"사람이 좋고, 술이 좋아서 사람들과 자주 어울리는 편이에요. 광고일 자체가 워낙 다양한 직업에서 일하는 사람들을 만나기 때문에 그들에게서 배우는 것들도 많고, 사람이야말로 저의 가장 큰 재산이라고 할 수 있죠. 제가 여러 모임을 이끌고 있는데요, 인맥 관리를 한다기보다는 그저 사람 좋아하는 천성 때문이 아닌가 생각해요."

물론 권은아는 네트워킹의 중요성을 잘 알고 있지만 억지로 그런 모임을 만들고 사람을 끌어들이려 노력한 적은 없다. 모두가 바쁜 일상에서 누군가 노력하지 않으면 관계를 유지하기란 쉽지 않을 진데, 권은아는 그런 면에서 타고났다. 사람 자체를 좋아하고 특유의 리더십으로 늘 사람들을 중심에서 이끄니 자연히 사람들의 인정을 받는 것이다. '사람이 희망이고, 결국 남는 건 사람밖에 없다' 는 그녀의 조언을 귀담아 듣자.

끝나지 않은 선입견과의 싸움

지금까지의 이야기가 '취업이 가장 쉬웠어요', '타고나길 사람을 끌만큼 매력적이에요' 하는 자기 자랑으로 들리는가? 좋은 집안에서 공부할 여건 되니 좋은 대학 가고, 좋은 직장에 들어가고, 유학도 갔다 오고, 전형적인 엘리트 코스를 걸어온 것 아니냐는 느낌을 줄 수도 있다. 그러나 그 과정에 녹아든 그녀의 '노력' 을 보는 사람들은 많지 않아, 늘 그런 선입견들과 싸워야 했던 그녀다.

"미니스커트를 즐겨 입어서인지 외모를 보고 오해하는 사람들이 많아요. 서울대를 나온 것, 유학을 갔다 온 것 모두 집안이 좋아서가 아니냐는 사람들도 있죠. 그러나 인생에서 단 하나도 어부지리로 얻은 것은 없어요. 모든 건 노력한 만큼 얻어진 거예요. 고등학교 졸업 후 학비, 생활비 모두 제가 벌었고 유학도 일하면서 모은 돈으로 다녀왔거든요. 오히려 서울대를 안 나왔으면 어땠을까 생각했을 정도로 예전에는 그런 오해들이 힘들었어요. 심지어는 서울대 나와서 왜 광고일을 하냐는 사람도 있었죠. 지독한 선입견이죠. 누구나 좋아하는 일을 할 권리는 있고 저도 광고가 좋아서 이 일을 계속하고 있는 것뿐인걸요."

권은아라는 사람을 알고 지내다보면 그녀가 얼마나 노력하는 사람인지 금세 알게 된다. 오히려 그런 선입견들을 피하기 위해 흐트러지지 않으려 애쓰는 모습을 안쓰러워하는 사람도 많다. 사람들은 자신이 없는 걸 가진 사람들, 예를 들어 좋은 대학을 나오거나 누구나 선망하는 직업을 가진 사람들을 보면 나와는 다른 조건을 가지고 태어났을거라는 선입견에 빠진다. 하지만 실상을 보자! 권은아는 열심히 공부한 대가로 좋은 대학에 들어갔고, 등록금을 대줄 수 없는 집안 형편 때문에 늘 아르바이트하며 학교를 다녔다. 다른 사람들과 공정하게 경쟁해서 방송국 시험에는 떨어졌고, 광고회사 시험에는 붙었다. 유학생활도 자비로 치러냈다. 그야말로 노력한 만큼 얻었고, 얻어진 것에 최선을 다하며 살았던 것이다.

대부분의 선입견은 질투와 피해의식에서 오는 것이 아닐까. 저 사람은 나보다 좋은 환경에서 자랐을 거야, 저 사람은 운이 좋으니까, 저 사람은 생긴 것부터 튀고 예쁘니까, 라며…. 반면 나는 집안도 안 좋고, 운도 없고, 외모도 별로고, 잘 될 리가 없지 하며 자기비하를 하고…. 자신이 안되는 이유를 남에게서 찾지 말자. 자기비하에 빠져 있을 때 그들은 능력을 갖추기 위해 노력하고 세상과 부딪치며 배우고 깨달아가며 자신을 성장시키고 있다. 내가 그들보다 부족하다는 것을 인정한 후에야 능력을 갖추기 위해 노력할 수 있다. 다시 한 번 생각해보자. 당신도 그들만큼 노력했나? 열심히 살았나?

"콩나물 키워봤어요? 어릴 때 콩나물 키운다고 물을 주면 물이 다 아래로 빠져버려서 어떻게 콩이 물을 먹고 클까 생각한 적이 있어요. 그런데 어느 날 보면 콩나물이 쑥 커져 있는 거예요. 지나고 나서 생각하니 인생은 콩나물에 물을 주는 게 아닐까 해요. 매일매일 바가지로 물 주듯 사세요. 언젠간 커져 있는 자신을 발견하게 될 테니까요. 너무 멀리 보는 것, 너무 가까이 보는 것, 무언가 이루겠다는 다짐보다 지금 당장의 자신을 보며 '난 정말 열심히 산다!' 라고 말할 수 있는 삶이 좋은 것 같아요. 후회는 최선을 다하지 않았기 때문에 생기는 게 아닐까요? 적어도 저는 인생에 후회는 없어요. 그저 오늘도 열심히 물을 주고 있을 뿐이죠."

결국 직업을 갖는 것은 평생 편안하게 입을 수 있는 옷 한 벌을 찾는 일이다. 쇼핑할 때 다행히 처음 들어간 가게에서 마음에 드는 옷을 발견할 수도 있지만, 대부분 여러 군데 돌아다녀야 할 때가 많다. 가게가 아닌 길거리 자판에서 우연히 발견하기도 한다. 그리고 무심코 예쁘기는 하지만 내 스타일이 아니라고 지나쳤던 그 옷이 계속 눈에 밟힐 때도 있다. 마음에 드는 옷을 입었어도 왠지 불편하거나 너무 오래 입어 질릴 수도 있다. 그럴 때 우리는 다른 옷을 찾는다. 직업도 마찬가지다. 내게 어울리는 일, 잘할 수 있는 일, 해서 즐거운 일, 때마침 내게 찾아와준 일을 발견하는 '과정'이다. 마음에 드는 옷 한 벌 사는 데도 발품을 팔고 시간을 들일 진데, 하물며 평생 함께할 직업을 찾는데 얼마나 많은 고민과 노력과 자기수련이 필요하겠는가. 당신도 오늘부터 콩나물을 키워브는 건 어떨까? 인생은 성급하게 결정되는 게 아니다. 순간순간, 하루하루 즐겁게 나 자신에게 물을 주는 일부터 시작해보자.

뒤늦게 발견한
삶의 목표,
행복에 눈뜨다

*

그래픽 디자이너 · 맥로드 대표 | 길 정 민

1977년생. 대학에서 생활미술학 전공. 대학시절, 그저 '놀기'만 했는데 덜컥 4학년이 되어 취업해야겠다는 생각에 모 문구회사에 지원, 출근 첫날 밀려오는 답답함에 회사를 나와 버리고 2000년 SM엔터테인먼트에 앨범 재킷 디자이너로 입사한다. 그러나 컴퓨터를 전혀 다룰 줄 모르는 것이 발각(?)되어 권고사직 당했으나 '여기 아니면 안 되겠다' 싶어 무작정 버틴다. 결국 입사 1년 6개월 만에 'DJ DOC 베스트' 앨범 재킷을 혼자서 디자인, 디자이너로 실력을 인정받고 '브라운 아이즈'의 뮤직비디오 컷 디자인이 대중들에게 크게 어필해 자신감까지 얻는다. 현재 독립하여 디자인 사무실 '맥로드'를 운영하여 앨범 디자인, 상품 디자인, 광고 디자인, 외식업체 등 폭넓은 영역에서 활동 중이다.

뒤늦게 발견한 *
삶의 목표,
행복에 눈뜨다

길.
정.
민.

그래픽 디자이너 · 맥로드 대표

일하다 보면 어느 정도 스트레스는 필요한 것 아닌가?

적어도 나는 퇴근 시간만을 기다리며 하루를 보내는 사람은 아니니까,

그것만으로도 행복하다. 나의 하루는 무의미하지 않으니까,

적어도 나의 하루는 분명 남들과 다를 테니까.

혹시 '나는 왜 안 될까'라고 생각하고 있는 사람들,

노력 없이는 되는 게 없더라. 노력하면 이루어질 테니 더 노력해보자.

女自 여자의 발견

아는 친구가 명함 디자인을 맡기러 간다는 이야기에 함께 들렀던 디자인 사무실 '맥로드' 에서 길정민을 처음 만났다. 사장이라기엔 좀 앳되고 왠지 좀 깐깐해 보였지만 알고 보니 털털한 성격의 그녀, 금세 친해질 수 있었다. 그녀의 사무실 근처에 나갈 일이 있으면 꼭 들러 일까지 방해하며 들었던 길정민의 과거사(?)는 몇 번이고 또 이야기해달라고 할 정도로 재미있고 드라마틱했다. 눈물 없이는 할 수도 들을 수도 없는 우여곡절 스토리지만 기꺼이 웃으며 이야기하는 그녀가 대견하기도 했다. 세상 유일한 이야기일 수도 있고, 우리 모두의 이야기일 수도 있는 바로 그 이야기를 여러분에게도 들려주고 싶다.

길정민 만큼 사회생활을 온몸으로 부딪히며 배우고 버텨낸 사람도 드물 것이다. 대학생활을 자유롭게 놀 수 있는 마지막 시기라 생각하고 열심히 놀았던 덕분에 취업해야 할 때는 할 줄 아는 것이 아무것도 없었으니 말이다. 그래서 사회생활 초반은 매일 울면서 보내야 했지만 그래도 후회는 없다. 어쨌든 최선을 다해 버티어 냈으며, 세상의 혹독함에 대항해 살아남았으므로…. 권고사직의 위기에 봉착한 순간에도 '어떻게든 버텨야 한다' 고 마음을 다잡았던 길정민, 눈물 없이는 들을 수 없는 그녀의 지난 이야기들과 앞으로의 비전을 만나보자.

인생 처음으로 목표를 만들어준 구구크러스트

초등학생 길정민은 '뭐가 되고 싶니?' 라는 질문을 받으면 쪼르르 숨었던 소심한 아이였다. 중학교 1학년 어느 날, '공부는 왜 해야 하나' 고민하던 중, 친언니의 '반에서 5등 안에 들면 구구크러스트를 사주겠다' 는 말에 처음으로 인생의 목표가 생겼다. '5등 안에 들어서 구구크러스트를 먹어야겠다!' 스멀스멀 생기기 시작한 욕심, 그래서 공부했고 정말 5등 안에 들고야 말았던 것이다. 5등 안에 들려면 여러 과목을 골고루 잘해야 했기에 이 과목, 저 과목 열심히 공부하던 중, 미술에 흥미를 느끼기 시작했다.

"사실 별다른 목적 없이 미술공부를 했어요. 대학 입시생이 되었을 때도 '잘 놀려면 대학엔 가야 해, 4년이나 더 놀 수 있잖아!' 라고 생각했거든요. 다행히도 대학에 갔죠. 그리고 정말 열심히 놀았어요. 후배들이 내가 선배인지 모를 정도로 학교도 안 갔고, 엄마는 졸업한 것만으로도 고마워할 정도였죠. 겨우겨우 졸업하게 되었는데, 4학년 2학기가 끝나갈 무렵 대부분 취업하느라 바빴지만 저는 대학생으로서 마지막 시간이라는 생각에 더 열심히 놀았어요."

2월 졸업식 후부터 일자리를 알아보았다. 학교는 잘 안 갔어도 생활미술을 전공했으니 디자인을 해야겠다 마음먹고 있는데 한 유명 문구회사에서 사람을 뽑았다. 그래서 지원했는데 덜컥 붙었다. 그러나 출근 첫날, 칸막이에 둘러싸여 앉아 있으니 마음이 너무 갑갑하고 답답해져 '이건 아니다' 라는 생각이 들었다. 결국 점심 먹으러 나와서는 바로 집으로 가버렸다. 그렇게 그 회사와는 끝이었다. 그 어렵다는 취업, 누구나 이름만 대도 알 만한 회사에 들어가서는 반나절 만에 통보도 없이 그만둔 것은 왜였을까? 자유롭게 살아와서인지 그런 경직된 분위기를 견딜 수 없었다는 그녀의 설명. 목표를 너무 쉽게 저버린 것은 아닌지 걱정스런 마음으로 다음 이야기에 귀기울인다.

"참 아무 생각 없이 살았구나, 느끼는 사람도 있겠지만 구구크러스트 덕분에 미술에 소질이 있고 재미를 느낀 것만으로 저는 만족이에요. 게다가 중학교, 고등학교를 지나 대학교까지 꾸준히 그것을 이어왔으니 이만한 초지일관도 없죠? '열심히 놀자' 는 목적으로 들어간 대학시절, 열심히 놀았으니 그것도 후회는 없어요. 제 삶의 여정이 이러니 첫 취업자리 한 번 박차고 나온다고 무슨 큰일이 나겠어, 하고 넘겨버린 거죠."

길정민은 급하게 사는 법을 모를 뿐이었고, 천천히 꿈을 이뤄가면 돼지, 하고 긍정적으로 생각한 거다. 자기발견의 길은 그렇게 각양각색! 자신만의 여정을 지나면 되는 것이 아닐까.

눈물의 사회생활, 1년 6개월 만에 칭찬을 듣다

"첫 회사를 그렇게 그만두고 뭐 소식이 없을까 하고 학교에 갔는데 SM 엔터테인먼트에서 앨범 재킷 디자이너를 뽑는다는 공고가 붙어 있더라고요. 서류에 통과해서 면접 보는 날 너무 긴장해서 무슨 말을 했는지 기억도 안 나고, 나가면서 문인 줄 알고 신발장을 열지 않나 실수투성이였죠. 그런데 신발장을 여는 순간 뒤쪽에서 터져 나오던 웃음소리, 이 해프닝으로 깊이 각인되어 최종 1명에 뽑히게 되었어요. 그때까지는 좋았죠."

앨범 재킷 디자이너는 컴퓨터 그래픽 디자인 능력이 필수였다. 길정민은 컴퓨터 작업을 전혀 할 줄 몰랐지만 일단 가서 배우면 될 거라는 배짱으로 출근했다. 그러나 디자인팀에는 그녀 혼자였고 누구에게 무엇도 배울 사람이 없는 상황이었다. 모든 작업을 컴퓨터로 해야 하는데 켜는 것밖에는 할 줄 아는 게 없으니 앞이 캄캄했다. 아는 오빠한테 부탁해 회사에서 해야 할 일을 집에서 하면서 간신히 한 달은 버텼지만 언제까지 부탁만 할 수도 없는 일.

"결국 네 달째 되던 어느 날, 팀장님이 부르더군요. '컴퓨터 못 다루죠? 정민 씨 때문에 일이 너무 늦어져서 컴플레인이 많아요. 나가줘야겠어요.' 정황상 나가야 하는 게 당연하지만 내가 여길 나가면 뭘 할 수 있을까, 겨우 들어온 여기서도 쫓겨나는데 다른 데를 갈 수 있을까 생각하니 결론은 '버티자' 였어요. 그래서 이미 기한을 넘긴 브로셔 작업을 밤새 해서 아침에 팀장님 책상에 올려놓았더니 뭐하냐는 거냐고 묻더군요. 그래서 마지막이라 생각하고 '나갈 수 없다! 버티겠다!' 그렇게 말하니 오히려 '그럼 한번 해보라' 고 하시더니 저녁 시간에만 일하는 아르바이트 디자이너까지 붙여주셨어요."

아르바이트 디자이너에게 상황을 이야기하니 다행히도 이해해주고 열심히 가르쳐주었다. 정말 열심히 배웠고 노력하기를 1년, '이제는 회사에 돈을 벌어주는 일을 해라' 라는 팀장의 말과 함께 처음으로 'DJ DOC 베스트' 앨범 커버 디자인이 맡겨졌다. 사실 그녀를 믿어서라기보다는 아르바이트 디자이너가 너무 바빠서 어쩔 수 없이 맡겨진 일이었는데, 결과는 대성공! 입사 후 매일 울기만 한 그녀였지만 사회에 나와 칭찬의 맛을 난생 처음 봤다고 한다. '아, 이 맛이구나!' 밀려드는 감동의 물결, 그리고 이때부터 일에 재미가 붙기 시작했다.

팀장은 왜 그녀를 다시 받아준 걸까? 솔직히 당장 결과물을 내야 하는 회사에서 1년이 넘는 시간 동안 사원을 교육할 의무는 없지 않은가? 나중에 알고 보니 팀장은 길정민에게서 다른 장점을 보았다고 한다. 컴퓨터 작업 능력은 떨어지지만 탁월한 '보는 눈' 을 인정한 것. 아직 자신의 작업은 제대로 못하지만 '이건 이래서 좋아요, 이건 저래서 별로예요' 하고 예술적 판단을 단호히 내리던 그녀에게서 잠재력을 발견하고 기꺼이 모험을 한 것이다.

직원의 숨은 장점과 가능성을 볼 줄 아는 상사를 만난 것은 길정민에겐 굉장한 행운이 아닐 수 없다. 허나 그만두라고 했을 때 나갔다면 이런 영광이나 깨달음은 그녀 몫이 아니었으리라. '권고사직' 사건이야 말로 더욱 그녀를 채찍질한 계기가 되었던 것. '이것은 아니다' 라는 생각이 들면 과감히 그만두고, '이것이 아니면 안 된다' 라는 생각이 들면 끝까지 버티는 근성도 때론 필요하겠다. 어쨌든 다시 한 번 기회를 얻게 되었으니까.

숨통을 트기 시작한 감각, 돛을 달다

DJ DOC 앨범 이후 SM엔터테인먼트는 유통으로 회사를 확장해가던 터라 다른 기획사의 일도 많이 들어왔다. 그간 소속 가수들의 앨범 디자인이 주 업무라 배우면서 할 수 있는 여력이 있었지만 이제는 아니었다. 아르바이트 디자이너도 그만두고 아래로 후배 디자이너가 들어왔다. 이때 매우 많은 일을 하면서 다른 기획사 사람들도 다양하게 알게 되고, 디자인 실력도 늘어갔다. 그러니 당연히 재미가 붙을 수밖에….

"가장 기억에 남는 앨범은 브라운 아이즈 1집이에요. 나얼의 그림이 커버였는데 잘 안 팔렸어요. 그런데 음악을 들어보니 이건 전율인 거예요. 음악을 듣다가 '그래! CD에 박스를 씌워야겠다' 는 생각이 들었고 '사람들이 뮤직비디오와 CD 커버 매치가 안 돼 몰라서 안 사는 것 같다, 뮤직비디오 컷을 이용해 박스를 만들어 씌우자' 고 제안했고 그 후 대박 앨범이 되었어요. 회사에 돈을 벌게 해주었다는 기쁨과 함께 사람들이 절 믿기 시작했던 일이라 저에게는 잊지 못할 음반입니다."

팀장이 예견했던 대로 그녀는 이제 '좋아요, 별로에요, 나빠요'를 넘어서 새로운 발상으로 새로운 컨셉트를 제시하기 시작했다. 미운 오리에서 백조가 되는 순간이었다고 할까. 길정민의 디자인을 마음에 들어하는 고객들도 늘어갔다. 실력을 인정받으니 다른 일들도 많이 들어오게 되어 3년간의 회사생활을 마감하고 2002년에 프리랜서로 독립하여 아는 디자이너 4명과 함께 작업실을 열었다. 이때부터 음반 커버뿐만 아니라 패키지 디자인, PR 제품 디자인으로 발을 넓히게 되었다. 가루세재 패키지를 응용한 편집음반 'IVY' 커버를 보고 카페나 레스토랑에 놓는 엽서와 컵받침을 만들어달라는 의뢰를 받은 것이 일의 폭을 넓히는 계기가 되었다. 광고 이미지와 이모티콘을 이용하고 자신이 찍은 사진들을 넣어서 만든 컵받침이 인기를 끌었고 여기저기서 연락이 오기 시작했다. 독립하자마자 일이 밀려들기 시작한 것. 그리고 드디어 2005년 5월에 'McRoad' 라는 이름으로 직원 두 명을 데리고 완전 독립하게 된다.

아이디어와 감각이야말로 디자이너의 생명이다. 길정민에게는 어린 시절 열심히 놀고 보고 경험하면서 체득한 튀는 아이디어와 감각이라는 비장의 무기가 있었다. 그리고 그것에 하드웨어인 기술이 더해지니 그녀에게 일을 맡기는 사람들이 많을 수밖에. 또한 그녀가 가슴에 새긴 것은 '회사에 돈을 벌어주어야 한다'는 팀장의 말. 예쁘고 멋진 디자인도 중요하지만 더불어 팔리는 디자인을 해야 한다는 진리를 가장 먼저 터득한 것이다. 아이디어와 감각, 기술력을 바탕으로 '회사에 돈을 벌어주는 것'이 나의 커리어가 된다는 것을 명심하자.

아이디어는 쌓고 쌓아 적시적소에 꺼내는 것

SM에서 만난 수많은 사람들은 지금도 길정민의 고객이다. 그 사람들은 길정민에게 일을 주었을 뿐 아니라 사람 대하는 법도 가르쳐주었다고. 엔터테인먼트 계통 직업의 특성상 일로 만나더라도 사적으로 금세 친해지고, 자연스레 고객관리를 할 수 있다는 장점도 있다. 그냥 마음 편하게 대하면 상대방도 똑같이 편하게 대해준다는 것이 길정민의 인간관계에 대한 지론. 워낙 바닥이 좁은 분야인데도 디자인을 어디다 맡겨야 할지 모르는 사람들이 많아 소개로 일을 맡게 되는 경우가 대부분이다. 자연스레 인간관리가 핵심 역량이 된다. 반대로 한번 평판이 나빠지면 그걸로 끝이기도 하고….

"별다른 영업이나 마케팅 재능은 없어요. 그냥 클라이언트를 편하게 대하는 것? 한 가지 노력하는 것이 있다면 디자인 감각을 키우는 데 투자하는 거예요. 아이디어가 중요한 작업이기 때문에 남들보다 더 많은 걸 알아야 하고 보여줄 수 있어야 해요. 그러므로 내가 누구보다 많이 보아야 하고 고객이 왔을 때 그들에게 처음 보는 샘플들을 제시해야 하죠. 그래서 여행을 겸한 출장을 많이 가요. 계획 잘 세워서 예쁜 숍들, 공간들을 찾아다니며 사진도 많이 찍고 디자인 관련 책도 많이 사고 참고할 만한 디자인 제품들도 사오죠."

맥로드 사무실엔 그간 작업한 것과 세계 여러 도시에서 사온 예쁘고 멋진 샘플들, 디자인 서적들로 가득하다. 또한 컴퓨터에는 직접 찍은 이미지들로 가득한데, 그간 여행을 하며 찍어놓은 이국적인 풍경들은 디자인 작업에도 많이 이용된다. 얼마 전에 사무실에 놀러갔을 때도 일본 출장을 위한 준비가 한창이었다. 일본의 멋진 디자인 숍을 소개하는 책자를 모두 섭렵해 동네별로 정리해 돌아볼 코스를 짜고 있었다. 여행 준비 하나에도 철저한 스터디를 하고, 플랜을 짜는 현장을 보니 그녀에게 일이 밀려드는 이유를 알 것도 같았다.

"저는 온통 디자인에 대한 생각뿐이에요. 길거리를 가다가도 중국집 배달통을 보고 '아! 저걸 요렇게 디자인에 응용해 봐야겠다' 생각하는 등, 그때그때 떠오르는 아이디어들을 모아두었다가 적절히 어울릴 만한 제품에 응용하는 거죠. 가끔 클라이언트들하고 이야기하다가 아이디어를 내면 '어떻게 그런 생각이 순간적으로 떠올라요?' 하고 묻는 사람들이 있는데, 예전에 생각해 두었던 것을 끄집어낸 것뿐이에요. 2년 전에 생각해두었던 것도 있는 걸요. 아이디어는 늘 쌓고 쌓아두어야 해요. 일이 들어왔을 때부터 생각하는 게 아니라 아이디어 보물창고에서 하나씩 뽑아 쓸 수 있도록 말이죠."

디자이너는 디자인을 잘하는 것이 최우선이고 그것이 곧 마케팅이다. 클라이언트에게 어디서도 내놓지 않는 새로운 디자인 아이디어를 끊임없이 내놓아야 한다. 그런 면에서 길정민은 마케팅의 고수가 아닐는지. '어떻게 그런 생각이 순간적으로 떠올라요?' 라는 고객들의 반응에 이미 감탄이 들어가 있다. 자신들을 위해 이미 준비를 하고 있었다는 느낌이 드니 어느 클라이언트가 그녀를 거부하겠는가. 이렇듯 일이 들어왔을 때 생각하기 시작하는 것이 아니라 미리 아이디어를 모아두었다가 적절한 곳에 쏟아내야 한다. 주변의 모든 것을 그냥 지나치지 않는 센스, 그것을 기억해두고 메모나 사진, 그림 등으로 기록해두는 부지런함은 길정민의 노하우이다. 이제는 디자인뿐 아니라 많은 분야에서 아이디어가 생명이다. 내 보물창고에 나만의 아이디어를 저축해 보자.

"대학교 때 열심히 놀았고, 대문에 사회생활 초반에 고생도 많이 했지만 그 모든 과정, 힘들었던 만큼 부딪치며 배웠던 것이 지금의 저를 만들어 주었다고 생각해요. 물론 학교 다닐 때 기술력을 키웠으면 더 수월했겠지만 후회는 없어요. 어느덧 열심히 일만 하다 보니 서른 살이 되었어요. 가끔 내가 언제까지 신선한 감각을 발휘할 수 있을까 고민해요. 아트 디렉터가 되어 젊고 감각 있는 디자이너도 고용했으니 이제는 제가 디자인한 제품으로 가득 채운 디자인 제품 매장을 열고 싶어요. 문구, 사무용품, 디자인 용품 등 일하는 여성들을 위한 제품 디자인을 하고 싶어요. 무엇보다 그래픽 디자이너로서 여기까지 오게 된 것은 모두 '왜? 어떻게?' 하는 의문을 품고 컨셉트 있는 제품을 만들었기 때문인 것 같아요. 그래서 스트레스도 있지만 그 정도 스트레스는 필요한 것 아닌가요? 적어도 퇴근 시간만을 기다리며 하루를 낭비하지 않으니까 그것만으로도 행복해요. 나의 하루는 무의미하지 않으니까, 나의 하루는 분명 남들과 다른 무엇이 있으니까. 혹시 '나는 왜 안 될까'라고 생각하고 있는 분들, 마음의 여유를 갖고 기다리며 노력하세요. 저를 보세요. 지금 당장은 아니더라도 더 노력하면 이루어질 테니 조금만 더 노력하세요."

늦었다고 생각지 말고, 안 된다고 생각지 말고, 노력하면 된다는 것을 온몸으로 보여준 길정민. 당신도 늦지 않았고, 안 될 일 없고, 지금부터라도 좀더 노력하면 언젠간 원하는 것을 얻을 것이다. 부디 파이팅 하시길!

01: 길정민만이 줄 수 있는 깜짝 선물

클라이언트가 맡긴 일 외에 '이런 게 더 필요하지 않을까' 생각해서 깜짝 선물하기를 좋아한다. 예를 들어 행사 초대장과 기념품 디자인을 의뢰받았을 때 행사장에 온 사람들이 쓸 방명록이 있어야겠다는 생각이 들면 방명록을 선물해주는 것이다. 비싼 것은 아니지만 마음이 들어갔기에 클라이언트들은 그녀에게 감동하고 기억한다. 마음을 조금만 쓰면 분명히 더 필요한 걸 찾을 수 있고 그것이 감동이 된다. 이러한 길정민의 배려심 깊은 마음이 지금의 명성을 만든 것이다.

—

02: 길정민만이 제시하는 독특한 시안

음반 커버 시안은 컬러 프린트해서 하드보드판에 붙여 가는 것이 관례. 하지만 길정민은 항상 가제본을 해서 실제 모양대로 만들어간다. 실제 제품으로 나오면 입체이니 시안을 볼 때도 입체로 보아야 눈에 쏙 들어올 거라는 그녀만의 아이디어다. 물론 돈은 좀 들지만 평면 프린트로만 볼 때와는 달리 이해도 쉽고 결과물에 대해 확신할 수 있으니 클라이언트와 의사소통도 잘 되고 만족도도 크다. 가제본은 그녀가 끊임없이 일을 맡게 되는 노하우 중 하나다.

—

03: 길정민만의 서비스 마인드

길정민은 힘겨운 사회생활 속에서 인간관계를 배워가며 '역시 일은 사람과 사람이 하는 것이구나, 그들에게 감동을 주는 것이 중요하다' 는 것을 깊이 깨달았다. 어떤 분야에서 일을 하건 현대 산업은 고객 서비스를 빼고 이야기할 수 없다. 고객을 감동시키는 나름의 전략을 짜는 것이 우리가 할 일일 터. 내가 다른 사람들로부터 감동받았을 때를 생각해보면 답은 바로 나온다고. '나를 진심으로 생각하고 배려하고 있구나' 라는 생각이 들게 하면 된다.

—

세상을 멀리 보면,
남들과
다른 길이 보인다

아티스트 매니저 **김 기 정** *

1976년생. 대학에서 예술학 전공. 대학 2학년 때 〈제3회 거리미술전〉을 기획하면서 가수 이상은과 접촉, 그 후 이상은 매니저로 꾸준히 일해왔다. 대학 졸업 후 떠난 일본어학연수 기간 동안 일본의 아티스트 매니지먼트를 체험한 후 새로운 꿈을 키운다. 대학원에서 문화컨텐츠학을 공부하고, 그동안 꿈꿔왔던 아티스트 매니지먼트로서 본격적인 활동을 시작했으며, 일본을 오가며 양국에서 다양한 문화 프로젝트를 진행 중이다.

세상을 멀리 보면, *
남들과
다른 길이 보인다

김.
기.
정.

아티스트 매니저

내가 가고 있는 길이 나에게 맞는 길인지 알기 위해
스스로에게 질문을 한다. 어렸을 때부터 내가 가장 즐거웠을 때는?
칭찬 받았을 때는 언제지? 가장 잘 하는 일은? 재미있다고 느꼈던 적은?
질문에 대한 답이 앞으로 내가 갈 길이다.
다행히 나는 그 길을 차분히 걷고 있다.

女自 여자의 발견

2003년 3월쯤으로 기억된다. 가수 이상은의 인터뷰에서 그녀만큼 강한 인상을 남겼던 매니저 김기정을 만났다. 처음 만난 여자 매니저이기도 했지만 그간 만났던 머니저들과는 뭔가 달랐다. 인터뷰이는 이상은인데 오히려 그녀에게 '어떻게 매니저가 되었는지'부터 이것저것 많은 질문을 했으니 말이다. 그 일을 계기로 자주 만나며 그녀를 알아가는 과정은 소위 트렌드를 이끈다는 기자인 내게도 늘 새로운 활력소로 다가왔다. 나이는 나보다 어리지만 그녀는 배울 게 참 많은 친구다. 문화예술에 관한 해박함, 차분하고 진지하지만 주변 사람들을 편안하게 해주는 성격, 늘 생각하고 고민하며 차근차근 미래를 준비하는 모습 등 그녀를 보며 덩달아 나의 미래도 생각했다.

김기정은 대학교 2학년 때 이상은을 만나 2004년까지 기본적인 매니지먼트는 물론 음반 녹음, 공연기획과 진행, 프로모션 등 다양한 일을 해왔다. 여자로서 매니저라는 일을 한다는 것은 결코 쉬운 일이 아니다. 다행히 여기저기 돌아다니는 걸 좋아하고 이상은이라는 가수를 특히 좋아했으니 그녀의 음악과 예술 활동을 지원하는 일은 즐거움 그 자체였다. 지금까지도 이상은은 김기정에게 중요한 일들에 관해 자문을 구하지만, 김기정은 대학원에 진학하면서 사실상 이상은의 매니저일을 그만두었다. 그동안 지속되어온 예술 분야에 대한 끊임없는 관심과 수많은 아티스트 친구들과 함께 아티스트 매니지먼트라는 새로운 일을 시작하기 위해서이다. 어엿한 11년차 사회인, 김기정의 이야기 속에서 새로운 꿈을 꿀 준비를 해보자.

스스로에게 끊임없이 묻고 답하자

김기정은 만 19세에 이상은을 만났다. 대학교 2학년 때, 홍대 앞의 새로운 문화 행사로 자리 잡은 〈거리미술제〉를 진행하며 대학생 중심의 행사를 대중들에게 좀더 다가갈 수 있게 하는 방법을 모색하던 중 이상은을 떠올린 것. 당시 이상은의 〈공무도하가〉 앨범에 큰 감동을 받았었고 그녀가 '까멜레온즈'라는 미술 그룹을 이끌고 있다는 소식을 접한 터라 직접 찾아가 전시와 공연을 의뢰하게 되었다. 행사가 끝나갈 무렵 이상은은 김기정에게 앞으로의 계획을 이야기하며 잘 맞을 것 같으니 함께 일하자고 제안한다. '재밌을 것 같다'는 생각에 흔쾌히 받아들였지만 어린 나이에 대스타와 함께 일한다는 것에 부담을 가진 것도 사실. 그러나 이상은은 그녀에게 '해답' 그 자체였다.

"만약에 이상은이라는 사람을 만나지 않았다면 다른 친구들처럼 대학 내내 '졸업하고 뭐하지?'라는 고민을 했을 거예요. 그녀는 저에게 늘 질문과 과제를 주었어요. '이 길이 너와 잘 맞니? 잘 가고 있다는 생각이 드니?'라는 질문과 '어렸을 때부터 가장 즐거웠던 일, 가장 잘했던 일, 가장 재미있었던 일 등을 적어오라'는 과제를 주었죠. 그렇게 제 자신에 대해 끊임없이 질문하니 '난 정말 잘 가고 있다!'는 확신이 들었어요. 지금도 스스로에게 질문을 하고 과제를 내는 게 습관처럼 되어버렸죠."

우리도 가수 이상은의 질문과 과제를 실천해보면 어떨까? 이런 질문과 과제는 어떤 직업을 가진 후에도 계속되어야겠지만 직업 선택 자체에도 많은 도움을 줄 것이다. '내가 어릴적부터 가장 즐거워했던 일, 가장 잘해서 칭찬받았던 일, 가장 재미있다고 느꼈던 일은 무엇인가?' 생각하는 것에 그치지 말고 글로 적어보자. 머리로만 상상하는 것보다 글로 표현하고 그것을 들여다보고 있으면 더욱 깊게 각인될 것이고, 확신하게 될 것이므로…. 그 해답이 바로 당신이 앞으로 가야 할 길이다.

"주변 사람들에게 '근거 있는 낙천주의, 알리바이 있는 자신감'을 가지라고 늘 이야기하는데요, 그런 근거나 알리바이는 거저 생기는 게 아니죠. 모든 것이 '과정'이니, 계속 공부하고 노력해야 해요. 요즘 어린 친구들은 많은 부분에서 쉽게 도전하고 쉽게 포기하는데, 현재의 자신을 제대로 진단해야 그런 실수를 줄일 수 있을 거예요. 부족한 부분을 알았다면 그것을 채워나가는 시간과 노력을 그냥 뛰어넘으려고 해서도 안 되고요."

처음부터 완벽한 사람은 없다. 자신에게 잘 맞는 길을 찾았다면 나를 맞추고 만들어가는 과정 자체를 즐겨야 한다. 정말 당신에게 맞는 길이라면 아무리 힘들고 고되도 표정은 내내 즐거울 것이다. 자신의 미래를 위한 고민이고 투자이니 끊임없이 스스로에게 질문해보자. '지금 사는 게 재밌니?' 라고. 답이 떠오르지 않을 때는 주변 사람들에게 질문해보는 건 어떨까. '너희들이 볼 때 내가 가장 즐거워 할 때가 언제니? 내가 가장 잘하는 게 뭐야? 내가 어떤 걸 하면 가장 잘할 수 있을까?' 라고 말이다. 어쨌든 답은 당신 안에 있다.

일본에서 찾은 아티스트 매니지먼트의 길

매니저로서 열심히 일하고 학교도 다니다보니 어느새 졸업이 다가왔다. 공부도 일도 재미있었기에 다른 생각할 겨를도 없이 치열하게 살았던 시간이었다. 매니저라는 직업상 학생으로서는 감히 만날 수 없었던 다양한 문화 예술계 사람들과 교류하며, 넓은 세계는 물론 인간관계 관리 비법에 대해서도 배웠다는 그녀다.

그러나 너무 어린 나이에 현장에 뛰어들었던 걸까, 혹시 다른 길이 있지 않을까 하는 아쉬움을 떨쳐버릴 수 없었고, 당시 이상은도 휴식기였기에 일본으로 유학을 떠났다. 일단 일본어부터 배우고 다른 공부를 해보자는 생각에서였다. 일본에서 어학 공부를 마칠 무렵 이상은이 녹음을 하러 왔고 자연스레 매니지먼트 일에 복귀하게 되었다. 일본어까지 하게 된 김기정은 한국과 일본을 오가며 활동하는 이상은에게 전천후 매니저가 아닐 수 없었다. 그런 과정에서 일본 매니지먼트 회사에서 자신의 새로운 꿈과 만나게 된다.

"상은 언니 따라 일본쪽 매니지먼트 회사를 방문했는데 정말 놀란 것이 그 회사에 뮤지션은 상은 언니밖에 없는 거예요. 도예가, 사진작가, 만화가 등 다양한 아티스트들이 소속되어 있는 걸 보고 '바로 이거다!' 싶더군요. 전방위 아티스트 매니지먼트라는 건 우리나라에 없는 개념이지만, 상은 언니가 워낙 멀티 아티스트였고, 저도 언니 따라 공연, 전시, 출판 등 다양한 작업을 해봤기 때문에 제게도 가능성이 있다고 생각했어요. 그때부터 아티스트 매니지먼트를 꿈꾸며 차근차근 준비했죠. 대학에서 예술학도 공부했고, 친분이 있는 아티스트들과 지속적으로 교류하며 이게 내가 해야 할 일이라 확신했어요."

처음 아티스트 매지니먼트에 대한 꿈을 꿀 때만 해도 국내에는 비슷한 개념조차 없었고 체계적으로 배울 수 있는 곳도 없었다. 이런저런 것을 고민하는 사이 국내 대학원에 적절한 학과도 생겼고 젊은 아티스트들도 떠오르면서 아티스트 매니지먼트 개념이 화두가 되었다. 드디어 2006년 2월 문화 컨텐츠 석사 과정을 마친 김기정. 해당 전문 분야의 개척자가 된 것만으로도 뿌듯하단다. 이제 준비는 끝났다. 멋진 아티스트 매니저로서 도약만이 남았다.

김기정처럼 경쟁률이 높은 분야보다는 틈새시장을 노려 새로운 분야의 선두주자가 되어보는 건 어떨까? 물론 그 '틈새'를 찾기 위해서는 다양한 문화는 물론 전세계적으로 관심을 가지고 공부해야 한다. 뜻이 있는 곳에 길이 있다는 말이 있지 않은가. 어떤 분야든 틈새는 있기 마련! 당신도 충분히 도전할 수 있다. 왜냐면, 그 분야에서는 우리 모두가 처음일테니까.

좋은 사람은 끈질기게 찾아내서라도 만나라

인생을 살아가는 데 있어 '선택'은 내가 하더라도, 주변 사람들에게서 받는 영향을 무시할 수 없다. 어떤 사람들과 만나고, 어떤 문화를 즐기고, 어떤 책을 읽느냐 등 언제나 선택의 주체인 '나'에게 영향을 미치는 것들이 있다. 이상은 만큼 김기정의 인생에 많은 조언을 해준 사람은 '황신혜밴드'의 리더 김형태다. 이상은과 함께 공연을 하며 알게 된 그는 이미 인터넷을 통해 카운슬러로서 젊은층의 절대 지지를 받으며 예리하고 톡톡 튀고 유효적절한 '조언'에 내공이 쌓인 인물.

"김형태라는 사람을 만난 건 제 인생의 행운이에요. 〈너, 외롭구나〉라는 청춘 카운슬링 책을 냈을 정도로 카운슬링의 대가죠. 그의 많은 조언들로 제 자신이 많이 바뀌었어요. '근거 있는 낙천주의와 알리바이 있는 자신감'도 모두 그에게서 배운 거죠. 인생에서 좋은 사람을 만나는 것은 중요한 것 같아요. 자기에게 그런 사람이 나타나주길 막연히 기다리고 있지 마세요! 누구도 제 발로 가만히 있는 당신을 찾아오지 않아요. 찾아내서라도 만나야 한다고 생각해요."

우리에게 답을 줄 혜안을 가진 사람은 분명 있다. 그리고 그 답을 줄 사람을 찾는 건 나의 몫이다. 가끔 잡지기자가 되고 싶다며 어떻게 하면 좋을지 물어오는 이메일이나 편지를 받곤 한다. 자신이 무엇을 하고 싶은지에 대해 알고 있는 것도 기특한데 방법을 알려달라며 편지를 썼다는 것만으로도 용기 있는 친구들이니, 도움을 주어야 할 의무를 느끼게 된다. 그렇게 잡지기자가 된 친구들이 여럿인데, 믿음직한 후배이자 나의 재산이 아니겠는가.

어디에든 자신이 진출하고 싶은 분야의 핵심에서 일하고 있는 전문가들이 있다. 현직에서 일하고 있는 사람이 가장 정확한 정보를 제공해줄 '멘토'가 아니겠는가. 지금 당장 전화를 걸고 담당자를 찾자. 그리고 자신을 소개하고 조언을 부탁해보자. 회사를 방문해 직접 얼굴을 보며 이야기를 나눠볼 수 있는 기회를 만든다면 금상첨화! 그런 당신을 이상하게 생각하고 불친절하게 대하는 사람이라면 차라리 만나지 않은 걸 다행으로 생각해도 된다. 아마 대부분의 멘토들은 용기 있는 당신을 기특하게 생각하고, 적극적으로 나서서 조언해주고, 기꺼이 당신의 멘토가 되어줄 것이다.

현직에 있는 사람과 자연스레 친분을 쌓고 싶다면 아르바이트를 하는 것도 좋은 방법. 그들은 유효한 정보제공자가 되는 동시에 훌륭한 인생의 조언자가 될 것이다. 김기정에게 김형태가 그렇듯이 인생 전반에 걸친 조언을 해줄 수 있는 인생의 멘토를 찾기 위해 아르바이트를 해서든, 적극적으로 찾아가서든, 그들을 괴롭히자! 언젠가 당신도 누군가의 멘토가 되어주지 말란 법 있나. 우리들은 그렇게 서로에게 멘토가 되어줄 의무를 가진 삶의 역군들 아닌가.

"그동안 많은 사람들을 만났고 앞으로 더 많은 사람들을 만나게 되겠죠. 이 책을 읽은 여러분도 좋은 사람들을 만나면서 인생을 알아가는 시간, 내가 하고 싶은 일을 하며 행복함을 맛보는 시간들로 인생을 채워가길 바래요. 내 삶이 행복하고 기뻐야 남에게도 줄 것이 있을 거에요."

일찍이 공자는 주변에서 스승을 찾으라고 했다. 다시 한 번 옛 성현의 말을 떠올리며 김기정과의 만남에 감사한다. 어쩌면 모든 결론은 이미 나 있을지도 모른다. 사람과 사람이 함께 살아가는 세상, 모든 것의 중심은 '사람'이라는 것. 어떤 사람들을 만나느냐는 우리의 인생에 많은 영향을 미친다. 그러므로 지금 가장 먼저 해야 할 일은 좋은 사람, 내 인생의 멘토를 찾아나서는 일이다. 멘토에게서 배운 것을 내 것으로 만들고, 나의 길을 선택하고, 열심히 살아가는 것, 그렇게 공부하고 경험하며 세상을 알아가다 보면 나 자신 또한 '줄 것이 너무 많은' 누군가의 멘토가 되어 있을지니….

.
.
.

Tip. 세상의 흐름을 한 발 앞서보는 김기정의 조언

김기정이 사회생활을 준비 중인 이들에게 한 가지 당부하고 싶은 건 세상 보는 눈을 키우라는 것. 요즘은 전세계적으로 MBA_경영학 석사 과정_가 아닌 MFA_Master Of Fine Art 미술학 석사 과정_가 우대받는 시대이고 CEO_최고 경영자_가 아닌 CDO_Chief Destruction Officer 최고 파괴자_를 원하는 시대이다. 무엇을 하든 예술적 감성과 독특한 시선이 필수라는 이야기.
이제 우리나라도 예술로 먹고 살 만한 나라가 되어가고 있다.

MFA가 우대받는 디자인 혁신의 시대에 돌입하면서 예술을 이해할 줄 아는 경영자를 원하는 것은 당연지사다. 또한 혁신 경영의 필요성과 사고방식의 변화가 강조되면서 새로이 등장한 CDO의 개념 또한 가운데 'D' 가 'Design' 으로 대체되기도 하면서 기술이 아닌 디자인의 시대임을 증명하고 있다. 이제 어떤 일을 하든 예술적 감성, 즉 '보는 눈' 은 필수라는 말이다. 이것이 비단 경영자들에게만 국한된 이야기는 아닐 것. 세상의 모든 기업은 유형이든 무형이든 '팔 것' 을 만들어낸다. 소비자의 트렌드를 리드할 수 있는 디자인적 감각을 키우는 것은 그래서 중요하다.

변화하는 트렌드를 읽기 위해서는 역시 '공부와 경험' 만이 살 길임을 명심하자. 새로운 정보는 매일 한 자루씩 쏟아지는데 공부하지 않고는 성공할 수 없다. 근거 있는 낙천주의자가 되고 알리바이 있는 자신감을 가지기 위해서는 자기 분야의 전문적인 지식뿐 아니라 예술적 감성까지 갖추어야 한다. 예술적 감성에 대한 부담감을 느낄 필요는 없다. 예술적 감성, 별 거 아니다. 우리가 물건을 살 때 가장 중점을 두는 것이 무엇인가? 결국 비슷비슷한 기술의 혁신 속에서 우리가 선택하는 것은 디자인이 예쁜 제품이다. 알게 모르게 소비자의 기준이 디자인에 민감해진 것이 사실. 우리 선조들이 강조하던 '이왕이면 다홍치마, 보기 좋은 떡이 먹기도 좋다' 는 말이 실감난다. 문화 예술에 관심을 많이 갖자는 것도 이 때문이다. 좋은 것을 자꾸 보다보면 감각도 절로 쌓일 테니까.

남이 가지 않은
길에서
가능성을 보다

*
도자기 아티스트 · 나니쇼 대표 ┃ **김 란 영**

1973년생. 실업계 고등학교를 다니며 시 창작과 노래 동아리에서 활동하며 전국에 있는 펜팔 친구들을 찾아 무전여행을 떠났다. 고등학교 졸업 후 10개월간 입시 공부와 미술 실기를 준비해 대학에 들어가 도예를 전공했다. 무언가 기대했던 대학은 실망 그 자체였고 한눈도 많이 팔았지만 졸업 학기 때 '도자기는 내 운명'임을 느끼고 도예공방에 취업한다. 1년 정도 사회를 경험하며 '패션 장신구'로서 도자기의 가능성을 발견하고 작은 목걸이 펜던트로 개인 사업 시작, 2년여 시행착오를 겪으며 준비해 2001년 '나니쇼 Nani-Show'라는 브랜드를 론칭한다. 이듬해 온라인 매장 오픈 등 승승장구하며 해외 진출에도 성공했다. 여주도자기박물관, 오하이오 주립대학, 갤러리코(교토) 등에 작품이 상설 전시되어 있다.

남이 가지 않은 *
길에서
가능성을 보다

김.
란.
영.

도자기 아티스트 · 나니쇼 대표

자기 발견은 꿈의 폭을 좁혀가는 것이다.
내가 처음에 미술을 해야겠다 생각하고 다양한 미술 영역 중에서
도예를 선택하고 도예 중에서 생활 도자기를 선택하고
다시 패션 장신구를 선택했듯이 이것저것 배워가고 경험해가면서
점점 구체적으로 좁혀 가면 나만의 길이 보인다.

홍대 앞의 작은 도자기 가게 나니쇼, 왠지 안을 들여다보게 되는 그곳에서 김란영을 만났다. 2평 남짓의 작은 매장, 그 안을 채운 물건들을 이것저것 들여다보며 '이건 뭐예요?' 하고 여러 번 물어보며 인연을 꿰게 된 것. 열쇠고리인 줄 알았는데 줄을 빼면 공기알이 되고, 예쁜 장식용 작품인 줄 알았는데 밤에는 램프가 된단다. 호기심을 불러일으키는 제품들만큼 김란영 또한 호기심을 불러일으키는 인물. 무엇을 물어봐도 이내 사람 좋은 미소를 지으며 조용한 목소리로 이야기하는 모습에서 여유가 묻어난다. 뭐하는 사람일까? 알고 보니 나니쇼의 제품을 만드는 아티스트이면서 사장이었다.

차근차근 김란영을 알아가는 과정은 즐거웠다. 어느 날 '당신의 인생이 궁금해' 했더니 이메일로 보내준 68페이지짜리 문서 파일은 다시 한 번 나를 놀라게 했다. '아니, 이런 걸 써놓다니!' 남달랐던 어린 시절부터 현재까지, 김란영의 모든 것이 담겨 있었다. 알고 보니 도자기 공예 분야에서는 이미 많은 이들의 롤모델이 되었을 만큼 유명한 인물이었고, 그런 연유로 출판사에서 책을 내보자는 의뢰가 들어와 자신의 이야기를 정리해 놓은 것이 바로 그 문서였다. 어찌어찌해서 책은 안 나왔지만 김란영은 자신의 지난날과 창업 진행 과정을 정리한 것만으로도 값진 시간이라고 말한다. 패션 도자기 장신구 전문 회사 나니쇼의 사장 김란영, 그녀의 흥미진진한 라이프 속으로 빠져보자.

비범 소녀의 유달랐던 성장기

입시에 찌든 평범한 인문계 고등학생이 되기 싫어 선택한 실업계 고등학교. 고등학교 시절은 그야말로 다양한 경험을 했던 시간이었다. 학교에서는 시 창작 동아리에 들어 매주 시 창작과 품평회, 독서토론을 하며 영혼을 살찌우고 흥사단 노래 아카데미에서는 대외 활동을 실천했다. 고등학교 2학년 때는 당시 잡지의 펜팔 코너를 통해 알게 된 전국의 친구들을 만나러 무전여행을 떠나기도 했다. 여고생 혼자서는 상상할 수 없었던 일이었지만 편지를 주고받던 친구들을 한 달간 직접 만날 수 있었고 그때 강원도 오지에 살고 있는 친구네 집에서 보았던 칠흑 같은 밤하늘의 '별'은 이후 사업을 하면서도 김란영에게 중요한 작품 소재가 되었다.

"고등학교 졸업 후 사회생활은 생각만큼 쉽지 않았어요. 할 수 있는 일의 폭도 좁고요. 그래서 대학에 가야겠다고 결심했어요. 미대를 가야겠다 결정하니 할 일이 많더라고요. 남들 3년 넘게 공부하는 걸 10개월 만에 해야 하니 고통스러웠지만 '나 자신과 한 약속' 이었기에 굳게 마음먹고 해내야만 했지요."

그러나 힘겹게 들어간 대학생활은 신입생 오리엔테이션부터 실망의 연속, 수업 진행 방식도 고등학교의 연장이라는 생각이 들 만큼 주입식이었다. 그래서 대학생활 내내 전공인 도예는 멀리 하고 음악과 광고 등 다른 것에 빠져 살았다. 흥사단의 노래 아카데미, 학교 노래패, PC통신 동호회 '노래 하나 햇볕 한 줌', 광고 동아리 '광동' 등 동아리 활동에 빠져 사니 재미는 있었지만 도예와는 무관한 시절이었다.

"4학년 때였어요. 대학생활 마지막으로 마음껏 놀고 싶은 마음에 자매 대학인 미국 오하이오 주립대학의 서머스쿨에 참여했어요. 그곳에서 도자기 작업과 각종 세미나와 워크숍을 했는데 미국에서 만난 도자기는 지금까지 보고 배워온 도자기가 아니었어요. 생활 속에 녹아든 그들의 도예 공예를 보면서 그동안 느꼈던 알 수 없는 답답함들이 풀리고, 앞으로 도예를 계속 하려면 배워온 모든 상식과 규칙들을 깨야 한다는 것을 깨달았죠. 그리고 돌아오는 비행기 안에서 도자기를 나의 평생 업으로 삼아야겠다는 결심을 세웠어요."

졸업을 앞두고 생활 도예의 새로운 길을 발견했다. 취업을 위해 공방을 알아보던 중 아트 타일 작업, 건축과 도자기의 접목으로 틈새시장을 개척해가고 있는 우쿠wookoo공방을 알게 되었고 무작정 그곳에 전화를 걸어 '유능한 사람이 있으니 채용하라' 고 했다. 느닷없는 전화에 공방 사장님은 당황했지만 어쨌든 닥무가내 김란영 식 '면접' 은 성공해 '한 달 동안 마음껏 흙 작업을 해보라' 며 입사를 허락받았다.

무작정 전화를 걸어 자신을 채용하라 말하는 자신감에 찬 당찬 젊은이를 누가 거절할 수 있을까. 그 용기만으로도 김란영이 어떤 사람인지 알 수 있을 것이다. 그뿐인가? 실업계 고등학교를 선택했던 중학교 시절, 문학·노래·광고·도자기 등 좋아하는 것을 고루 즐기며 자신에게 맞는 것을 찾아간 고등학교 시절과 대학 시절, 그리고 미래의 가능성에 초점을 맞추어 도자기의 신 분야에 도전하기로 다짐한 졸업반 시절, 그녀의 여정은 늘 도전 그 자체였다.

뼈아픈 실패, 작업의 모티브를 얻다

첫 직장인 우크공방에서는 신입사원이니 하고 싶은 작업을 할 수는 없었다. 처음엔 청소와 수강생 가르치기, 도자기 제품 마지막 공정인 물 닦이 작업 등을 했다. 덕분에 퇴근 시간이 되면 손이 저리다 못해 무감각해져갔고 그럴수록 창작에 대한 목마름은 커져만 갔다.

"작업 도중에 나오는 여러 형태의 작은 흙 찌꺼기들을 버리지 않고 모아서 업무 외 시간에 작은 펜던트를 만들었어요. 그러면서 자연스레 미니멀한 도자기에 관심이 생겼죠. 수강생을 가르치는 일은 특별한 경험이었는데, 그때 알게 된 이들이 현재 나니쇼의 주요한 인맥인 걸 보면 분명 '사람이 재산'임에 틀림없어요. 그리고 그때 분명히 깨달은 것은 생활 디자인도, 파인 아트도 아닌 애매한 도예로 위기를 맞고 있는 우리나라 도자기 문화를 바꿔야 한다는 것이었어요.”

위기의 도예 분야를 바꿔보자는 생각으로 미국에서 보았던 제품들을 떠올리며 도자기 공예의 대중화를 생각한 김란영. 도자기와 금속이 합쳐진 장신구 공방을 운영해 볼 생각으로 입사 6개월 만에 수강생이었던 금속공예가 A씨를 따라 진주로 갔다. 그러나 A씨의 말과 달리 제대로 공방이 갖추어지지 않았고 공방 공사를 위해 돈까지 구해오라고 했다. 그래서 부모님의 도움을 받았는데, 가마 설치를 위한 전기공사 업자가 선금만 받고 사라져버렸고 A씨마저 갑작스레 건강이 나빠져 신경도 쓰지 않았다. 바보 같았던 자신에 대한 원망과 세상에 대한 배신감에 모든 걸 포기하고 싶었지만, 서울로 올라가기에 자존심이 허락지 않았다.

한 독지가가 진주 옆에 있는 수곡 마을에 아티스트를 위해 폐교를 작업실로 빌려주고 있다고 해서 일단 그곳으로 갔다. 그러나 정작 자리를 잡고 나니 작업에 몰두할 수가 없었다. 창밖으로 보이는 자연이라는 거대한 예술작품 앞에서 예술을 한다는 것이 부끄러워졌고, 예술이 무엇인지 다시 생각하게 된 것이다. 꽃이 피고 꽃이 지고, 잎이 나고 물들고, 열매가 맺히고 떨어지고, 해가 뜨고 지는 자연의 흐름을 온몸으로 느끼며 세상 모든 것을 겸허히 받아들여야 한다는 것을 깨달았다. 그리고 나니 마음의 안정도 찾았고 작품 컨셉트도 자연스럽게 떠올랐다. 그릇과 화분에 자연을 담고 꽃, 달, 별 등 자연 컨셉트로 작은 펜던트도 만들었다. 그 모든 것이 지금 나니쇼의 베스트셀링 아이템으로 남아 있다.

"자연을 작품에 담으면서 도자기를 이용한 패션 장신구로 사업을 해보자 결심했어요. 위기라 생각되는 순간 또 다른 기회가 오는 것이 세상인가봐요. 시련을 피해 도망친 자연 속에서 사기당한 돈보다 더 많은 수업료를 지불해도 얻기 힘든 것을 얻었으니까요."

고등학교 시절 처음 본 밤하늘의 별과 함께 수곡마을에서 만난 자연이 김란영 제품의 모티브가 되었고 마음의 평온과 세상의 이치마저 깨닫게 해주었으니 이보다 값진 수확이 어디 있겠는가. 젊은 시절의 여행은 이래서 필요한 게 아닐까? 남미여행에서 혁명의 길을 찾은 체 게바라, 오지여행을 하며 국제 NGO로 변신한 한비야처럼, 그리고 작품 컨셉트를 얻어 새로 시작한 김란영처럼 그곳에 당신만의 길이 있을지 모른다.

나는야, 도예 분야의 불모지 개척자

수곡마을에서 6개월을 보낸 김란영은 서울로 올라와 작업실부터 구했다. 다른 작가 세 명과 함께 쓰는 공동 작업실로 월세에 공과금까지 한 달에 10만 원 정도밖에 안 들어 혼자 사업을 시작하기에 딱이었다. 그리고 1998년 봄, 드디어 첫 장신구인 펜턴트 목걸이를 제작해 가나아트를 찾아갔다. 다행히 무작정 찾아간 그곳에서 흔쾌히 팔아보겠다고 했다.

"처음으로 제품을 넘기고 나니 마음이 복잡했어요. '정말로 내가 만든 게 팔리기는 할까, 팔린다면 몇 개나 팔릴까?' 생각했죠. 그런데 그날 오전에 제품 주고 오후에 친구를 만나러 혜화동에 갔는데, 앞에서 걸어오고 있는 여자 목에 걸린 제 목걸이를 본 거예요. 너무나 감격스러웠고 그때 가슴에서 목을 타고 넘어오던 뜨거운 기운을 지금도 잊을 수 없어요."

그 후 10여 곳의 갤러리에 제품을 위탁 판매하게 되었다. 하지만 돈을 벌기 위해서는 사업의 형태를 갖춰야 했다. 그리고 그즈음 김란영의 인생에서 가장 행운이라 생각하는 K씨를 만난다. 경영학과 인테리어를 공부한 K씨는 김란영에게 사업을 하기 위한 기본적인 사항들을 가르쳐주었다. 회사를 만들기 위해 사업계획서가 필요하다는 것, 상품이 나오는 데 필요한 여러 가지 절차들, 상품이 갖는 기본적인 철학을 무엇으로 삼을 것인지, 그렇게 만든 상품에 가치를 부여하는 일 등 많은 것을 배웠다.

"경영과 창업을 공부하다보니 물건만 예쁘게 만들어서 될 일이 아니라는 걸 깨달았어요. 상상력을 발휘해 생활 속에 살아 있는 제품을 만들자고 결심했지요. 남은 건 상품으로서의 가능성에 대한 실험이었고, 첫 실험 무대를 도자기 엑스포 공모전으로 삼았는데, 예선에서 탈락했어요. 하지만 실망하지 않았어요. 준비 과정이 모두 공부니까요. 실패를 바탕으로 다시 작업해 다음해에 특별상을 받게 되었죠."

특별상을 받은 현대 장신구는 액세서리지만 생활 전반에 응용 가능한 제품들이었다. 이를테면 장식품에 상상력을 더해 생활용품의 기능을 추가한 것. 이렇게 2년간의 노력으로 실력을 검증받은 뒤 첫 번째 사업계획서를 완성하고 본격적인 브랜드 론칭에 들어간다.

2001년 2월 22일, 드디어 사업자등록증을 냈다. 지난 2년간의 외로운 작업이 빛을 보는 순간이었다. 사업계획서를 쓰며 벤치마킹할 만한 업체도 없어 IT업체 창업서들을 보며 공부했고 생소하고 어려운 마케팅 용어들을 익혔다. 그렇게 철저한 실험과 준비 과정을 거친 김란영의 패션 도자기 장신구는 2001년 도자기엑스포를 통해 '나니쇼' 라는 이름으로 론칭되었고, 홍대 앞에 오프라인 숍도 열었다. 그 후 2002년 온라인 '나니쇼닷컴'을 오픈하며 대표 상품이 된 '별 램프'를 출시해 큰 성공을 거두며 일약 도자기 장신구 업계의 선두주자로 주목받는다. 2003년에는 다양한 전시회와 국제 페어 참가의 결과로 일본, 홍콩, 캐나다, 중국, 미국 등 해외의 디자인 숍과 갤러리어서 러브콜이 이어졌다.

어느 분야에서나 잊지 말아야할 원칙 하나, 경쟁력 있는 상품을 만드는 것이 먼저이고 마케팅은 그 다음이라는 것. 아무리 마케팅이 훌륭해도 상품의 가치가 없으면 팔리지 않는다. 팔려도 일시적인 호응에 불과할 것이다. 현재의 나니쇼가 있기까지 일등공신 또한 오랜 실험을 거친 뒤 출시된 독창성과 시장성을 갖춘 제품이었다. 철학이 담긴 상품을 개발하는 데 집중하고, 상품의 시장성을 사전 조사하는 데 정성을 쏟은 그녀가 성공하지 않을 이유는 어디에도 없다.

나니쇼의 성공비결, 적재적소의 전문가

김란영은 지금의 나니쇼가 있기까지 '늘 주변 사람들의 도움을 받아야 했고 늘 실수를 통해 열매를 맺어왔다'고 말한다. 힘들 때마다 격려해주고 응원해준 마음의 빚을 진 친구들도 있고, 사회생활에 실질적인 조언과 도움을 준 사람들도 있다. 고등학교 때부터 시작된 다양한 동아리 활동으로 알게 된 친구들과 선후배들, 도예를 시작한 후 만난 수많은 사람들, 심지어 나니쇼 매장을 찾는 손님들까지 꾸준히 친분을 유지해온 덕분이기도 하다.

"자신의 삶과 일을 분리하지 말고 같은 것으로 인식하는 것이 중요해요. 매장과 사무실이 함께 있는 나니쇼 특성상 많은 손님을 만나는데 손님을 손님으로 대하면 스트레스가 돼요. 이런 걸 감정 업무라고 하는데, 그냥 사람과 사람이 만나는 거라 생각하면 자연스럽고 솔직한 마음으로 손님을 대하고 되고 손님과 친해지게 되죠. 그리고 어느 순간 손님이 아닌 친구가 되는 거예요."

이는 공방 시절 만난 수강생들을 대할 때도 마찬가지였다. 자연스럽게 대하니 친해질 수 있었고 그때 만난 사람들과의 친분이 회사 운영에도 큰 도움이 되었다. 이렇듯 나니쇼가 빠르게 성장할 수 있었던 가장 큰 요인은 적시적소의 옵저버의 활용을 들 수 있다. 나니쇼 초기에 김란영은 공부하고 배우면 된다는 생각에 도자기 작업하며 경리, 웹 디자인, 영업, 마케팅, 거래처 관리, 배송 등 모든 걸 혼자 했다. 하지만 가장 중요한 상품 제작 외의 업무가 너무 많아 늘 시간이 부족했고, 혼자 어설프게 하느니 전문가들이 제대로 해야 한다는 생각이 들어 지인들 중 각 분야 전문가들에게 외부 옵저버를 맡겼던 것. 경영 옵저버 K씨, 상품 옵저버 A씨, 배송과 거래처 관리 옵저버 C씨, 홈페이지와 커뮤니티 관리 옵저버 P씨, 해외 영업 담당 K씨, 저작권과 디자인등록 등 법적 문제 담당 변리사 B씨, 골치 아픈 회계 담당 세무사 H씨까지 내·외부적으로 전문가를 배치하고 자신은 상품 제작과 최종 결제자로서의 역할을 하니, 일이 술술 풀리더라는 것!

사람의 능력에는 한계가 있다. 내가 잘할 수 있는 것에 집중해서 능률을 높이고 내가 잘 못하는 것은 해당 분야의 전문가를 옵저버로 두면 시너지 효과를 얻을 수 있다. 내가 해야 잘할 수 있는 것, 꼭 내가 해야 하는 것과 도저히 할 수 없는 것, 할 수 있어도 한계가 있는 것을 적어보자. 그런 뒤, 할 수 없는 일을 해줄 옵저버를 주변에서 찾기만 하면 된다.

"무슨 일을 하든 쉬운 것은 없어요. 지금 선택한 일의 테두리를 더 크고 넓게 조망할 줄 알아야 해요. 전체를 이해하게 되면 작은 것들은 자연스럽게 이해가 되고, 어떻게 해야 할지 답이 보입니다. 산을 오를 때는 돌과 나무만 보이지만 정상에 오르면 그것들이 만들어낸 아름다운 산의 모습이 보이듯이 자신의 시야를 지금 내가 해야 하는 일 하나에 국한하지 말고 넓고 크게 보는 연습을 하세요. 그래야 하나라도 제대로 할 수 있어요. 또 하나, 열심히 한다는 건 즐길 줄 아는 거예요. 싫으면서 열심히 할 수는 없죠. 그러니 즐기세요. 자기 발견은 꿈의 폭을 좁혀가는 거라 생각해요. 제가 처음엔 미술을 해야겠다 생각했고, 다양한 미술 영역 중에서 도예를 선택하고, 도예 중에서 생활 도자기를 선택하고, 다시 패션 장신구를 선택했듯이 말이죠. 도자기를 하다가 다른 흥미거리가 나타나면 그것을 할 수도 있어요. 앞으로 또 무엇이 도자기만큼 저를 흥분시킬지 모를 일이니까요."

김란영은 이것저것 배우고 경험해가던 학창시절의 막연한 꿈에서부터 사회생활에서 경험을 더해가면서 하고 싶은 일을 점점 더 구체적으로 좁혀왔다. 패션 도자기 장신구라는 구체적인 꿈을 실현한 후에도 자신이 잘할 수 있는 일을 찾아 좀더 전문적으로 일의 범위를 좁혀갔고 그것에 집중하며 살고 있다. 그러면 어느 순간 또 다른 꿈을 꾸며 확장해가야 할 때가 올 것이다. 예를 들어 그간의 쌓아온 경험과 노하우를 바탕으로 출판이나 강연의 기회를 잡을 수도 있고 나니쇼의 대표 상품이 된 별 캐릭터를 이용한 테마 공간을 만들 수도 있고 말이다. 멀리 넓게 볼 수 있어야 좋은 길과 작은 것을 또한 볼 수 있다. 인생을 넓게 바라보며 그녀처럼 하나씩 꿈의 범위를 좁혀가보자. 당신이 최고로 잘할 수 있는 일을 발견하게 될 것이다.

-
-
-

Tip. 머리와 감성을 깨우는 김란영의 비법 공개

01: 아침밥 꼭 먹기

건강도 챙길 수 있고, 하루를 에너지로 가득 채우며 시작하는 비법. 실제로 밥의 주성분인 탄수화물의 당분은 잠자고 있던 뇌를 깨우고 활동하게 도와주어 활기찬 하루를 시작하게 해준다.

02: 보이는 대로 신문 읽기

트렌드를 이끌어가는 사람으로서 세상 돌아가는 것을 알아야 하니 신문은 꼭 읽는 편이다. 보통은 출근하자마자 읽고 밥 먹으러 가서도 일단 신문부터 집어 든다.

03: 다이어리와 스케줄러 쓰기

사업계획서를 쓰며 메모와 기록, 그리고 계획의 중요성을 알고 나서 생긴 습관. 스케줄을 체크하다보면 저절로 해야 할 많은 일들이 떠오르는 경지에 이른다.

04: 맑은 공기 속에서 자연을 느끼며 산책하기

바쁜 하루와 복잡한 생각들을 정리하거나 혹은 아무 생각 없이 그냥 하루 30분씩 산책하기. 일과 휴식의 경계를 잘 조율해가며, 지치지 않고 오래도록 일할 수 있는 그녀만의 비법이다. 때론 노을 지는 한강변, 때론 단풍이든 놀이터, 때론 꽃이 만발한 공원, 때론 달빛 가득한 동네 한바퀴라도 꼭 산책을 한다. 유일한 혼자만의 시간, 절대 버릴 수 없다고.

두 번의
실패 끝에 찾은
나의 길, 나의 미래

경영 컨설턴트 | 김 세 은 *

1974년생. 대학에서 경영학을 전공하고 LG전산 회계팀에서 일하다 24세에 인터넷 `My page` 제작 관련 특허 출원을 받아 IT 벤처기업을 창업했다. 자본력과 자생력의 한계를 느껴 결국 2년 6개월 만에 회사를 접기 되고 다시 직업을 찾아 방황. 헤드헌터를 통해 경영 컨설턴트계에 입문, 신용카드 회사 등 금융계 컨설턴트로 활동하고 있다.

두 번의 *

실패 끝에 찾은

나의 길, 나의 미래

김.
세.
은.

경영 컨설턴트

리더는 20%를 가지고도 150%를 만들어내야 하는 사람이다.

나는 회사를 이끌며 앞에 나서는 리더보다는 회사라는 울타리 안에서

기획하고 추진하는 능력이 더 많다는 것을 깨달았다.

경영과 기획을 도맡아 해야 하니 너무 힘들었고,

여자라서, 나이가 어려서, 내 돈으로 하는 사업도 아니니

젊음이 어쩌구 패기가 어쩌구 하는 벤처정신은 다 소용 없었다.

울타리의 중요성, 내게 맞는 직업의 필요성을 다시 한 번 깨달았다.

女自 여자의 발견

예술적 감각을 가진 사람만큼 나를 흥분시키는 것은 경제나 경영 등 숫자와 관련된 분야에서 일하는 사람들이다. 수리 능력을 가진 명석한 그녀들이 신기한 것도 그렇지만 내게 부족한 부분을 보충수업 받는 기분이니 색다른 재미를 느꼈던 것도 같고…. 서로 전혀 다른 분야에서 일하는 터라 호기심을 채워주는 잘 맞는 짝이라고 하면 맞을까. 지인의 소개로 알게 된 경영 컨설턴트 김세은도 그랬다. 성격이든, 기질이든, 직업이든, 그녀의 모든 것을 알면 알수록 매력에 빠져들었으니까.

무난한 삶이었을 거라 느낀 첫인상과는 달리 인생의 우여곡절을 헤쳐 온 김세은. 대학 졸업 후 대기업에 입사, 사표를 내고 벤처 1세대로서 IT회사 창업을 감행했으나, 결국 회사를 정리하고 다시 취업하기까지 그녀가 여자로서 고군분투하며 세상 속에서 배운 것들, 얻은 것들, 그리고 앞으로 해내고 싶은 것들에 관한 이야기를 들어보자.

사 회 가 나 에 게 알 려 준 것 들 …

대학시절 김세은은 안정적인 직업을 원했기에 대기업 입사를 결정하고, LG전산에 지원하였다. 그때는 아무리 생각해도 자신에게 맞는 일이 무엇인지 알 수 없었던 데다 대학 졸업 때까지 공부에만 매달렸으니 당연한 선택이었다고. 자신에게 맞는 '일' 보다는 '직업' 을 택하기로 했고, 본인이 '하고 싶은 일' 보다는 남들이 보기에 '그럴 듯한 일' 을 선택했다.

"LG전산 회계팀에서 일할 때는 '해야 할 일' 을 했어요. 그래서인지 서류더미와 일하며 전혀 재미를 느끼지 못했죠. 그러면서 '하고 싶은 일' 에 대해 생각하기 시작했어요. 더 이상 재미없는 일을 하지 말고 내게 맞는 걸 찾아가야겠다는 생각이 들더군요. '나이 들면 하고 싶은 일을 더 못 한다' 는 선배들의 조언에 힘입어 1년 만에 회사를 그만두었어요."

'하고 싶은 일'을 찾아가는 방법은 많다. 내게 맞지 않는 일을 경험한 뒤 하고 싶은 일을 찾는 것도 방법이다. 모두 처음부터 자신이 하고 싶은 것에 대해 정확히 알기는 힘드니 일단 '할 수 있는 일'들을 직접 경험하고 나면 진짜로 내가 하고 싶은 일을 발견할 가능성이 크다는 것이다.

김세은이 찾아낸 '하고 싶은 일'은 IT업계에 진출하는 것이었다. 아이디어 하나로 무작정 시작한 일은 인터넷에서 'My Page'를 제작, 관리하는 것. 한 통신사에서 투자를 해주어 프로그램을 개발하고 특허출원을 받아 회사를 창업하는 것은 어렵지 않았다. 그렇게 스물네 살 나이에 벤처기업 사장이 된 김세은, 크고 작은 포털 사이트에 프로그램을 납품하며 회사를 운영해갔다.

"2년 반 동안 회사를 이끌면서 한계를 느꼈어요. 투자받은 자금 운용만으로 자본력을 유지한다는 것은 무리였고 철저한 준비 없이 시작한 탓에 자생력 또한 약했죠. 가장 힘들었던 건 계약을 체결하기 위해 찾아간 업체에서 '나이 어린 여사장'에 대한 믿음을 좀처럼 보여주지 않았던 거예요. 아예 만나주지도 않거나, 만나서는 대놓고 비아냥거리기도 했죠. 철저하게 준비하고 똑부러지게 일처리 하고 아무리 노력해도 '나이 어린 여사장' 이미지에서 벗어나기 힘들더군요. 어리고 여자라는 사실은 어쩔 수 없는 현실이니까요."

쓰디 쓴 세상을 제대로 맛본 시기였다. 좋은 아이디어가 있으면 다 될 수 있는 게 벤처이고 젊은 패기라면 못할 게 없다고 생각했는데, 세상은 김세은의 생각과는 달리 여전히 막혀 있었다. '할 수 없다'는 것을 인정해야 했다. 아직은 때가 아니라는 것을 뼈저리게 느끼면서 결국 회사를 접기로 마음먹고 '잘 마무리해야겠다'는 생각으로 정리에 들어갔다. 자산을 팔고 나머지를 청산하는 과정에서 정말 많은 것을 배웠다. 시작은 쉬웠지만 가능한 한 직원들 모두에게 피해가지 않게 세심하게 잘 마무리하는 것은 너무나 힘들었다고. 그 모든 과정을 격으며 김세은 자신을 정확히 보게 된다.

"리더는 20%를 가지고도 150%를 만들어내야 하는 사람인데 저는 그렇지 못했어요. 사업을 하는 사람은 경영에 기획, 마케팅까지 총책임을 져야 하고, 나 자신이 울타리가 되어야 하죠. 그런데 저라는 사람은 앞에 나서는 리더보다는 회사라는 울타리 안에서 기획하고 추진하는 능력이 더 많다는 걸 깨달았어요. 젊음이 어쩌구, 패기가 어쩌구 다 소용없었어요. 울타리의 중요성, 내게 맞는 직업의 필요성을 깨달았죠."

사업가적 기질과 마인드도 있어야 하고 업무적으로 철저한 준비도 선결되어야 하니, 사업은 자신과의 싸움이라는 말이 맞는 것도 같다. 김세은은 자신의 케이스를 거울삼아 젊은 여자 사업가들이 성공을 거두기를 바란다고 했다.

세 번째 기회, 비로소 가야할 길을 찾았다

김세은은 회사를 정리하고 새로운 직업을 찾아야 했을 때 너무나 많이 고민했다. 무엇을 할까? 지금까지 해왔던 일과 연결되고 연착할 수 있는 일, 지금까지의 경험을 살릴 수 있는 제너럴리스트이면서도 스페셜리스트가 될 수 있는 일을 하고 싶다고 생각했다. 그리고 고민 끝에 '그래! 회사를 창업할 정도의 아이디어와 기획력은 있었으니 컨설팅이 좋겠다' 는 결론을 내리게 된다. 벤처 기업을 경영하며 컨설팅 능력을 발견한 것.

"컨설팅 파트의 일은 공개적으로 사람을 구하는 경우가 별로 없어 헤드헌터의 도움을 받아 지금 다니고 있는 회사를 소개받았어요. 면접에서 벤처 기업을 창업했던 경력이 많은 도움이 되었죠. 회사를 이끌며 배우고 느낀 것을 풀어내니 회사도 저의 컨설턴트 자질을 인정해 주었어요."

재취업이나 이직 또한 취업만큼 힘들다. 게다가 한 회사의 오너에서 다시 일반 직원이 된다는 것은 냉정한 현실 직시와 결단력이 필요한 일이다. 4년여의 경험을 통해 업무 능력을 키운 것과 스스로를 있는 그대로 인정할 수 있었던 것이 자신이 재취업에 성공할 수 있었던 비결이라 말하는 김세은. 어떤 상황에서건 자신의 능력을 제대로 파악하는 것이 중요하다는 것을 다시 한 번 느끼게 된다.

컨설턴트는 프로젝트별로 팀이 구성되어 컨설팅을 의뢰한 기업을 위한 컨설팅을 처음부터 끝까지 진행하게 된다. 그러므로 오너십과 근성이 절실한 분야. 김세은의 경우 벤처기업을 하며 이미 배운 능력이었고 이는 실제로도 큰 도움이 되었다.

"1년 반 정도 금융계 신용카드업에 대한 컨설팅을 맡아 했는데 아주 민감하고 변화무쌍한 분야라 재미있었어요. 특히 전문 기업에서 의뢰하는 것이기 때문에 의뢰 기업 담당자만큼, 혹은 그들보다 더 그 분야를 알아야 해요. 일을 맞는 순간부터 공부는 시작되죠. 의뢰 회사는 물론 경쟁사들까지 철저하게 파악해야 그 회사에 돈을 벌어줄 수 있는 기획들을 제시할 수 있으니까요. 새로운 것을 알아가고 공부해가며 아이디어를 짜내는 것이 재밌더라고요. 실제로 저희 컨설팅이 받아들여져 실행되면 더없이 즐겁죠. 이제야 제 길을 찾았다는 확신이 들어요"

경영 컨설턴트로 일한 지 3년, 이제 스스로 팀을 꾸려 프로젝트를 진행하는 팀장 위치에 올랐다. 그간 경영 컨설턴트 분야에 유학파들도 많아져 그들과 경쟁하며 한 단계 업그레이드된 일을 하기 위해서는 공부가 필요하다는 생각이 든다고. 그래서 김세은은 조금 더 실무 경험을 쌓은 후 MBA를 다녀올 생각이다.

"MBA를 다녀온 후에 다시 컨설팅 현장에서 일하면서 그간 배워온 기획과 마케팅에 관한 것들을 대학 강단에서 가르치고 싶어요. 한 번 사는 인생, 누가 대신 살아주는 것도 아니고 리허설도 없잖아요. 그래서 더 많이 공부하고, 최대한 능력을 펼치며 살고 싶어요. 지금까지 제 인생의 2막이 지났다면 MBA 이후는 제 인생의 3막이 될 거예요."

두 번의 이직을 통해 얻은 것이 있다면 비로소 자신의 모습을 바로 보고 잘할 수 있는 일을 찾았다는 것이다. 그리고 컨설턴트로 일하며 이제는 다른 일을 찾기 위해서가 아니라 이 일을 더 오래, 잘하기 위한 투자와 노력이 필요할 때라는 것을 깨달았다. 이 모든 이야기에서 느껴지는 건 김세은은 자신을 파악함에 있어 상당히 객관적이고 정확하다는 것이다. 물론 이런 객관성은 사회생활 내내 고민하는 과정에서 생겨난 것일 테고….

철저하게 자신을 객관화하고 냉정하게 현실을 인정하는 시선이야말로 사회생활을 잘 해나가는 데 필요한 핵심 역량이 아닐까. 나를 평가하는 최초의 평가자는 바로 나 자신이고, 내 인생을 결정하는 것 또한 나 자신이니 말이다. 1차적 평가가 제대로 이루어져야 미래에 대한 제대로 된 계획도 세울 수 있다.

"대학을 졸업하고 사회생활을 하며 느낀 것은 대학에서는 아카데미컬한 것을 배워야 한다는 거예요. 경제학, 사회학, 영문학 등 기초 학문을 배워 기본을 다진 후 사회에서는 실제 업무를 배우는 거죠. 또한 어떤 직업을 가지고 있든 마케팅 공부를 꾸준히 했으면 좋겠어요. 마케팅이 곧 기업에 이윤을 가져다주는 중요한 일이니 그것을 이해하면 제품을 만드는 사람이든 유통을 하는 사람이든 일을 대하는 자세가 달라질 거예요. 더불어 마케팅은 시대의 흐름을 빠르게 반영하기 때문에 늘 공부해야 하죠. 일하면서 자신에게 부족한 부분이나 더 공부해보고 싶은 분야가 생기면 열심히 보충수업 받으면 돼요."

모두의 인생에서 일하면서, 살면서 배운 '살아 있는 공부'야말로 가장 값진 것이다. 사회에 나오기 전까지 많은 고민을 하고, 열심히 취업을 준비해도 고군분투하게 되는 것이 사회생활이다. 하지만 그 과정 속에서 비로소 스스로 인생을 살아가고 선택하는 법을 배운다. 그리고 자신에게 필요한 공부가 무엇인지 알게 되고 진짜 공부를 시작하기도 한다. 실패를 맛보고 새로운 세상을 보면서 비로소 '나'를 찾았던 김세은처럼, 다들 그렇게 살아가면서 배운다. 그러니 실패를 두려워 말고 현재에 충실하며 열심히 미래를 준비해가자.

부모님 말씀 잘 듣고 공부 잘하는 모범생이었던 김세은. 부모님 조언대로 대학도 경영학과에 갔고, 대학에서도 열심히 학과 공부와 영어 공부를 해서 안정적인 대기업에 취업했다. 그러나 사회 초년 시절 만난 세상은 재미없음 그 자체. 시행착오를 겪으며 새로운 길을 찾아야 했던 그녀, 다시 대학시절로 돌아간다면 꼭 해보고 싶은 세 가지가 있다고 한다. 학과 공부를 열심히 하며 아래 세 가지를 실천한다면 분명 훌륭한 인재가 될 것이라고….

첫째, 책을 닥치는 대로 읽고 싶다

가리지 않고 어떤 책이라도 좋다. 컨설턴트는 경제만 잘 파악하고 있어야 한다고 생각한다면 오산이다. 모든 분야가 마찬가지다. 클라이언트와 일 얘기만 하는 것도 아니고, 기획이라는 것이 전문적인 기술에 달린 것도 아니고, 해박한 지식의 샘에서 아이디어가 나오기 때문에 전방위적 책 읽기는 대학시절뿐 아니라 사회생활을 하면서도 습관처럼 행해야 하는 것이다. 전문 분야만 공부하고 다양한 주제를 다룬 책들을 읽지 않은 것이 후회된다.

둘째, 아르바이트를 많이 해 보고 싶다

사무직이든 일용직이든 다양한 분야에서 아르바이트를 해 보자. 일을 하면서 직업의 다양성도 알게 되고, 업무의 흐름도 파악할 수 있으니 사회생활에 큰 도움이 된다. 더불어 취업 선배들의 리얼 스토리를 많이 들어보았으면 좋겠다. 나는 학과 공부하느라 선배들의 이야기에 귀 기울이지 못해 사회생활에 초기 방황이 길었던 것 같다. 선배들의 살아 있는 이야기는 그 어떤 이론서보다 값지다.

셋째, 외국어 공부를 열심히 하겠다!

영어가 가장 많이 통용된다고 하지만 일본어, 중국어, 불어, 스페인어 중에서 2개 정도는 더 공부하고 싶다. 언어를 할 줄 아는 사람만큼 자유로운 사람은 없다. 내가 만약 영어를 하면서 일어도 한다면 나의 클라이언트를 구하는데 있어 일본 기업도 그 대상이 될 터. 그만큼 직업 선택이나 클라이언트 영업의 폭도 넓어진다. 남들이 안하는 언어를 하면 희소성도 있으니 다양한 외국어를 배워 나의 가치를 높이자.

자기발견의 기쁨,
나이와는
상관없어

포토그래퍼 | 김 태 은 *

1974년생. 성악을 공부하기 위해 중학교 때 이탈리아로 유학, 로마에서 대학까지 마치고 귀국했다. 할 일 없이 시간을 보내다 사진을 접하게 되고, 자신이 갈 길이라는 확신에 다시 2년간 피렌처에서 유학생활을 한다. 2004년 〈바자〉와 함께 작업한 장동건 화보로 주목받으며 프로 사진작가로 데뷔해 〈바자〉, 〈마리끌레르〉, 〈엘르〉 등의 잡지에서 활동하며 〈최지우 화보집〉, 〈원빈 화보집〉 등에 참여했다.

자기발견의 기쁨, *
나이와는
상관없어

김.
태.
은.

포토그래퍼

친구들은 일하느라 바빴지만 나는 할 일이 없었다.
그러던 어느 날 친구가 일하는 사진 스튜디오에 놀러갔다가
막연히 사진을 찍고 싶다는 생각을 했다.
내 나이 스물여섯에 태어나서 처음으로 하고 싶은 일이 생긴 것이다.
하고 싶은 것을 위해 공부를 해야 하는데, 집안 사업이 망했다.
그래도 나는 다시 시작해야 했다. 생애 처음으로 간절했으니까.

女目 여자의 발견

한창 잡지판에서 김태은이라는 이름이 회자된 적이 있었다. 이름도 없던 무명의 포토그래퍼가 최고의 스타 장동건의 이탈리아 화보를, 그것도 아주 멋지게 찍어냈기 때문이다. 게다가 유학생활 중에 작업한 것이라니 그녀에 대한 궁금증은 더욱 커져만 갔다. 신인이면 나이는 어리겠는 걸, 이 정도로 자연스러운 사진을 찍은 걸 보면 보통이 아니야, 어떻게 유학생이 그렇게 큰 건을 땄냈지 등등. 몇 달이 지나서야 그녀가 한국에 들어왔다는 소식을 들었다. 이때다 싶어 인터뷰 요청을 했고, 그렇게 3년 전 김태은을 만났다. 편안한 옷차림, 질끈 동여맨 머리에 화장 안한 가무잡잡한 얼굴, 친근감을 느끼게 하는 말투, 자신의 사진을 보여주며 반짝이던 눈빛, 바로 친구하자고 덤비는 호탕한 성격, 단번에 느껴지던 예술가적 기질, 그리고 서른 하나의 적지 않은 나이와 의외라 생각된 우여곡절 인생 이야기 등등 그녀와의 첫 만남은 '깜짝 이벤트' 쯤으로 기억된다.

그동안 들었던 김태은의 살아온 이야기를 독자들에게 들려주고 싶다 했더니 공개적으로 자신의 이야기를 꺼내기가 쉽지 않은 눈치다. 이유인즉 지금 이렇다, 라고 이야기해도 내일 생각이 바뀌기도 하고, 아직도 세상을 알아가고 있는 중인데 자신이 무슨 이야기를 해줄 수 있겠냐는 것이다. 오히려 어렸을 때는 확신했던 것들이 지나고나니 오만이었다는 생각도 들고, 적어도 이제는 '말'에 책임을 져야 한다는 것이 그녀의 생각.

'누구나 진행형의 삶을 산다. 인생을 다 아는 사람이 몇이나 될까? 누구의 인생에도 방황의 시기는 있고, 겉으로 보이는 방황의 무늬는 달라도 속내는 서로 비슷하게 닮아 있다. 그래서 누구보다 청춘의 성장통을 호되게 겪은 김태은의 이야기가 세상 속으로 나와야 한다.' 구구절절 그녀를 설득, 결국 김태은은 입을 열었다.

늦 은 시 작 , 하 고 싶 은 것 이 생 긴 것 만 으 로 도 …

가장 치열하게 미래를 준비해야 할 시기에 인생을 허비했다그 입을 뗀 김태은. 집에서 그림을 그리라면 그리고, 성악을 하라면 했고, 유학을 가라면 갔다. '나중에 커서 뭐 할래?' 라는 질문을 받으면 '글쎄' 라고 말하면서 속으로는 '성악하니까 성가대원이나 하고 있지 않을까'에 머물러 있던 꿈. 그렇게 이탈리아에서 대학까지 졸업하고 서울로 돌아왔지만 할 일이 없었다. 바로 그때, 나이 스물여섯에 처음으로 '난 뭘 해야 하지?'라는 질문을 스스로에게 던지게 된다.

"갑작스레 아빠 사업이 부도가 났고 우리 가족 모두가 시련 앞에서 속수무책이었어요. 그때, 있는 집안에서 태어나 그냥 하라는 대로 살아온 아빠의 모습에서 나의 모습을 발견하고 절실하게 깨달았죠. '이렇게 살아서는 안 되겠구나, 그래 뭔가 하자! 그런데 뭐하지?' 떠오르지 않더군요. 마음을 달래러 사진 찍는 친구가 일하는 스튜디오에 놀러가서 사진 찍는 걸 보고 있자니 불현듯 '재밌겠다! 사진을 찍자! 사진을 찍고 싶다!'라는 생각이 강하게 들었어요. 처음으로 하고 싶은 일이 생긴 순간이었고, 무작정 그 스튜디오 실장님께 사진을 배우고 싶다, 청소라도 좋으니 시켜만 달라고 말했어요. 8개월간 어시스트를 하며 내게 딱 맞는 일이라는 확신이 들었고 본격적으로 해봐야겠다는 생각에 다시 학교에 가기로 마음먹었어요."

학교생활을 모두 이탈리아에서 했기에 국내 대학보다는 이탈리아 대학이 나을 거라 생각했다. 처음으로 무언가 하겠다는 딸에게 줄 것이 없는 부모님은 시련이 닥쳐서야 중요한 걸 깨달았다며 '우리는 너무 늦었지만 너는 그렇게 살지 말라'는 말뿐이셨다. 그 말에 김태은은 마음이 아프면서도 더욱 용기를 낼 수 있었다고. 모든 여건이 받쳐줄 때는 아무것도 하고 싶은 것이 없더니, 이제 혼자서 모든 걸 알아서 해결해야 할 때 하고 싶은 일이 생긴 것. 그러나 확신이 드는 순간 아무것도 방해가 될 것은 없었다. 남들보다 출발은 늦었지만 어쨌든 그녀에겐 '이것이 아니면 안 되는 일'이었으니까.

하고 싶은 일을 발견하고, 배우고자 마음먹고 떠날 때 김태은의 나이는 스물일곱. 늦었지만 가열차게 그녀를 출발하게 만든 것은 무엇이었을까? 마음으로부터 간절히 원하던 고민할 겨를도 없이 몸은 이미 그곳을 향하고 있게 마련이다. 재미있는 일, 하고 싶은 일을 찾았는데도 자꾸만 망설인다면 스스로 그 이유를 먼저 알아내야 한다. 막연하게 '해보고 싶다'가 아닌 '이것이 아니면 안돼!'라고 말할 수 있는 일을 찾는 데 청춘을 통째로 투자해도 좋다. 나이가 무슨 상관이랴! 간절하게 원하는 일을 찾았다면 그것을 향해 전진하는 것이 답이다.

힘 겨 운 유 학 생 활 , 나 와 의 싸 움 은 시 작 되 었 다

8개월 간 어시스트를 하며 모아놓은 돈으로 시작한 김태은의 유학생활은 고난과 가난의 연속이었다. 늦은 나이에 무언가 시작해서 결과를 얻을 수 있을까에 대한 불안감도 만만치 않았다. 무엇보다 김태은을 가장 힘들게 한 것은 겉과 속이 다른 자신과의 싸움이었다. 이성적으로는 '사진만 찍을 수 있다면 좋아'라고 말하고 있지만 속으로는 '사진도 찍고 돈도 많이 벌었으면 좋겠다'라고 생각하고 있던 것. 무언가 변해야 한다는 강박관념은 공부하는 내내 그녀를 괴롭혔고, 거기에 삶의 곤궁함에서 오는 고민까지 더해지니 얼마나 힘들었겠는가.

"파인아트 교수님이 계셨는데, 자신이 하고 싶은 작업을 하기 위해 강의해서 돈을 벌고 방학이면 여행하며 작업하는 거예요. 처음에는 그녀처럼 되고 싶었어요. 하지만 저를 들여다보니 욕심이 참 많더라고요. 사진으로 아트를 할 것인가, 돈을 벌 것인가! 결국 '나는 속물적인 사람이다, 나는 절대로 파인아트를 할 만큼 멋지지 않다'는 것을 깨닫고 인정하고 나니 오히려 길이 보이더군요. 서울로 가서 패션 사진을 찍자! 결심했죠."

그리고 그때 〈바자〉에서 장동건 화보 건으로 섭외가 들어왔다. 현지에 거주하며, 페이는 저렴하고, 가이드를 해주며 더불어 사진도 잘 찍는 포토그래퍼를 찾던 차에 김태은에게 기회가 온 것이다. 사진만 잘 찍으면 단번에 이름을 알릴 수 있는 좋은 기회였다. 그래서 수락했는데, 사진을 찍으며 가이드하는 것이 아니라 가이드하며 사진을 찍는 상황의 연속이었다. 그렇게는 도저히 작품이 나오지 않을 것 같아 결국 장동건에게 자신이 아무 때나 카메라를 들어도 편안하게 행동하라고 주문하고, 틈이 나면 그를 향해 셔터를 눌렀다. 다행히 '여행 중인 장동건'의 자연스러운 사진을 건질 수 있었고, 나중에 서울에 들어와서야 알았지만 결과는 성공적이었다.

마음을 비우니 기회는 절로 오더라

포토그래퍼 김태은의 가장 큰 장점은 피사체와의 교감에 시간은 걸리지만, 한 번 필이 꽂히면 최고의 결과를 얻어낸다는 것. 그래서 그녀의 사진에는 늘 마음이 묻어난다. 장동건 화보 이후 일하게 된 최지우도 그랬고 원빈과의 작업도 그랬다. 스타를 좋아해본 적이 없어서인지 김태은에게 연예인 작업은 특히 힘들다. 최지우와 촬영할 때도 한참 셔터를 누르지 못했다. 왜 예쁘다는 생각이 들지 않을까? 계속 바라보아도 김태은의 눈에는 최지우가 예쁘지 않았다. 그러나 얼마나 최지우를 바라보았을까, 어느 순간 그녀가 공주처럼 예뻐 보였고 마구 셔터를 누르게 되었다.

원빈과의 프라하 촬영은 일 주일이라는 시간이 있었지만 좀처럼 가까워지지 않는 그에게 감정 몰입이 쉽지 않았다. 며칠이 지났을까, 저녁을 먹다가 당시 원빈의 나이가 스물일곱이라는 것을 알았다. 군 입대를 앞둔 앞이 깜깜한 남자 나이 스물일곱의 감성을 떠올렸고, 갑자기 공부하러 떠나던 스물일곱 때의 자신이 오버랩되었다. 인기 스타지만 아무도 모르는 곳에 왔으니 평소 하고 싶었던 것을 해보자고 제안했고, 원빈도 흔쾌히 받아들여 풀리지 않던 촬영이 단 하루만에 끝났다. 프라하 곳곳을 누비며 일반인으로 돌아가 평소 하고 싶은 걸 거침없이 경험하던 스타 원빈의 모습은 평생 잊을 수 없는 추억이 되었다.

"스타들과의 작업은 많이 부담스러워요. 신인 포토그래퍼이니 잘하면 좋지만 잘못하면 타격이 크거든요. 한 선배가 그러더라고요. 좋은 기회지만 마음을 비우고 한 템포 늦게 가라고…. 그렇게 '잘해야 한다'는 부담감을 떨치고 나니 촬영이 정말 잘되었어요. 어차피 하기로 했으면 부담감에 쩔쩔매느니 마음을 비우고 그저 열심히 하는 게 정답이구나 싶더라고요."

신인으로서 욕심나는 스타와의 작업, 오히려 마음을 비우니 더 좋은 결과가 나왔다니 그녀의 연륜이 느껴지는 것은 나만의 생각일까. 일을 하다보면 비중 있게 다가오는 일이 있고, 또 어떤 일은 가볍게 다가오기도 한다. 그 사이에서 균형을 잡는 일은 그리 쉽지 않다. 대부분 비중 있는 일에 더욱 치열하게 달려들기 마련. 그러나 오히려 큰일에는 한 템포 늦추어 마음을 비우고 작은 일에는 더욱 열심히 최선을 다하는 자세, 이것이 김태은의 또 다른 장점이자 많은 이들이 그녀를 찾는 이유이기도 하다.

경쟁사회에서 살아남기, 다시 시작된 두려움

잡지사 기자들이나 광고 AE들, 업체 진행자들과 일하다보면 스타일이 제각각이라 힘들 때가 많다는 김태은. 클라이언트들의 주문에 맞춰 사진에 대한 김태은만의 스타일을 버려야 할 때 자존심이 상하기도 한다. 자신의 스타일과 전혀 다른 사진이 인쇄되어 나오는 것이 늘 두렵다고.

"이탈리아에서 이미 결론 내린 고민들이 다시 살아나 매번 마음을 다잡아야 해요. 나는 파인 아티스트가 아니다, 돈을 받고 사진을 찍는 사람이다, 돈의 가치보다 더 잘 해내야 한다, 사진에 대한 자존심보다 일 자체에 대한 자부심이 더 중요하다! 주문을 외워야 하지요. 결국 저도 직업인이니까요."

많은 사람들과 일하다보니 인간관계는 또 하나의 어려움이다. 사진만 잘 찍는다고 되는 것이 아니라 커뮤니케이션 능력도 있어야 한다. 결국 스스로가 고용인이라는 것을 잊어서는 안 된다. 솔직히 김태은은 사진만 잘 찍으면 되는 줄 알았고 다른 건 몰라도 '나는 사진을 잘 찍는다' 라고 생각했고 '싫으면 관둬라' 하는 식이었다. 그러나 프로 세계에 나와 보니 세상에 사진 잘 찍는 사람들이 너무 많아 그들과 경쟁하려면 달라져야 한다는 걸 깨달았다. 좋은 사진을 얻기 위해 기술과 테크닉, 그리고 감성 외에도 많은 것들이 필요하다는 것을 말이다.

"포토그래퍼로서 저를 좋아하는 사람도 있고, 꺼리는 사람도 있어요. 저만의 사진 스타일이나 성격 자체도 마음에 안들 수 있으니까요. 나 자신에 대한 프라이드와 컬러는 지키되 끊임없이 상대방이 원하는 것이 무엇인지 파악하고 절충해야 하죠. 제 의견을 먼저 말하기보다는 열심히 들어주고 난 후에 저의 의견을 덧붙이면 더욱 만족할 수 있는 결론을 얻었던 것 같아요. '내가 맞다'는 생각을 버리고 '저 사람이 맞을 수도 있다'고 생각하니 더욱 넓은 시야로 사회생활을 할 수 있더군요.'

사회생활을 하며 누구나 고민하는 것이 원활한 인간관계다. 특히 나와 맞지 않는 상사나 동료, 혹은 클라이언트와 일해야 할 때 적정선의 조율이 필요한데 말처럼 쉽지만은 않다. 상대방의 의견도 수용하면서 내 의견도 피력할 수 있는 방법, 김태은에게서 배워보자.

"많은 경험들을 하면서 생각도 많이 바뀌어가고 있어요. 제 인생은 여전히, 앞으로도 오랫동안 현재 진행형이겠죠. 늘 생각이 바뀌기는 하지만 그래도 나의 감성은 제자리에 머물러 있어요. 포토그래퍼로서 기술과 테크닉은 누구나 가질 수 있지만 그것을 이용한 표현력만은 오롯이 내 것이죠. 그래서 '감성'은 더욱 발전, 노력해야 하는 부분이고요. 다행히 어릴 때부터 미술과 음악을 하고 다방면의 문화 예술에 관심이 많아서인지 감성에는 자신 있고 그것이 지금 사진으로 표출되고 있어요. 미술에서 성악으로, 그리고 사진으로 귀결되기까지 서로 다른 것 같지만 모두 통하는 것이 있죠. 그것이 바로 '감성'이에요. 예술뿐 아니라 이

세상 많은 일들이 그래요. 지금 당장 무엇을 해야 할지 모르더라도 감성을 쌓는 일은 게을리 하지 않았으면 좋겠어요. 영화를 보고, 책을 읽고, 전시회를 가고, 음악을 듣고, 여행을 다니고…, 결국 많이 보고 많이 느끼는 것이 중요해요."

김태은은 치열하게 자기 자신과 싸우며 사진작가로, 직업인으로서 3년이라는 시간을 쉼 없이 달려왔다. 문득 그동안 제대로 쉬지도 못했다는 걸 깨닫고 얼마 전 처음으로 출장이 아닌 여행으로 일본에 다녀왔다. 그 여행은 김태은에게 작은 바람 하나를 남겼다. '이제 여행도 다니면서 일하고 싶다. 나의 감성을 유지하기 위해 충전의 시간을 가져야겠다' 는 것. 일 년에 며칠, 일하지 않는다고 큰일 나지 않는다. 한 템포 천천히 그러나 제대로, 인생은 그렇게 살아야 한다는 결론을 내렸다. 감성 충전을 위한 작은 투자, 그것이 당신의 인생을 변화시킬 수도 있다.

하고 싶으면
시작하라,
하다보면 길이 보인다

싱어송라이터 · VJ · 작가 · 일본어강사 · 패션디자이너 **니 나** *

1978년생. 고등학교 때 일본으로 유학. 대학에서 프로 뮤지션학을 전공하며 가수로 데뷔해 2장의 음반을 냈으나 흥행에는 실패했다. 가수, VJ, 작가 등 다양한 분야에서 활발하게 활동하며 2006년 〈엑스터시〉라는 소설을 발표해 세간의 화제가 되기도 했다. 일본어, 중국어, 영어에도 능통해 〈니나의 찌라시로 배우는 일본어〉 책을 출판, 일본어 강사로도 인기를 얻어 일본어 학원을 오픈했다. 앞으로 중국어, 영어 교제도 출간할 예정. 2006년 가을, 디자이너로서 자신의 이름을 건 맞춤전문 패션 브랜드 '니나(NINA)'를 론칭했다. 현재 서울과 드쿄를 오가며 아티스트 소개, 책 번역 등 양국 문화교류에도 힘쓰고 있다.

하 고 싶 으 면 *
시 작 하 라 ,
하 다 보 면 길 이 보 인 다

니.
나.

싱어송라이터 · VJ · 작가 · 일본어강사 · 패션디자이너

하고 싶었으나 시간이 없어 미루어두었던 일들,

무언가 새롭게 배우는 것들 모두 과감하게 시도해보자.

'지금 시작해도 될까?' 생각하지 말자. 늦은 나이, 못할 일은 없다.

하고 싶은 것이 있으면 바로 지금 시작하면 된다.

잘할 수 있을까 라는 걱정은 부질없다.

좋아하는 것을 하다보면 어느 때인가 잘할 수 있게 될 것이다.

女 自 여자의 발견

처음 니나를 알게 된 것은 〈니나의 찌라시로 배우는 일본어〉라는 책을 통해서였다. 참으로 쉽게 일본어에 접근할 수 있게 도와주는 책이어서, 한동안 끼고 다녔고 그 덕분인지 니나를 직접 만난 순간 어찌나 친근감이 느껴지던지…. 출판계 사람들의 친목 모임에서 처음 만난 니나는 세상 모든 게 즐거운 꿈 많은 소녀 같았다. 케이블에서 VJ로 활동하고 있던 터라 그냥 스타를 꿈꾸는 연예인이겠거니 했지만, 만남이 거듭되면서 그녀에 대한 생각들이 달라져갔다.

만날 때마다 그녀는 새로 관심을 가지기 시작한 것을 이야기하느라 정신이 없다. 그것은 중국어, 영어, 야구, 소설, 패션 디자인 등 분야를 규정할 수 없을 만큼 다양하다. 많은 사람들이 그렇듯 그런 자잘한 관심사들은 곧 시들해질 거라 생각했다. 그러나 한동안 뜸하다 모임에 나오면 어느새 유창하게 중국어를 구사하고 영어로 말한다. 어느 날인가는 패션디자인 학원에 다닌다더니 본인이 만든 옷을 입고 나왔다. 언젠가 자신의 패션 브랜드를 론칭한다는 더 큰 꿈을 꾸더니 그것도 실행에 옮겼다. 또 한 번은 소설을 쓰고 있다더니 몇 달 후 자신의 책을 들고 나타났다. 이 아이는 도대체 어떻게 이렇게 많은 일을 해내고 있는 걸까? 그 저력이 궁금해지기 시작했다.

꿈을 이루는 데 필요한 건 '나 자신' 뿐

니나는 고등학교 때 뮤지션이 되고 싶어 여기저기 알아보았지만 한국에는 적당한 등용문이 없었다. 아는 선배가 음악을 배울 수 있는 일본의 한 학교를 소개해주어 망설이지 않고 고등학교 때 일본으로 유학을 갔다. 물론 친언니가 일본에 있었기 때문에 숙소나 일상적인 생활에 걱정이 없었던 것도 망설임 없이 떠날 수 있었던 이유. 대학에서 작사, 작곡을 배우며 데모 테이프를 만들어 한 음반사에 보냈는데 운 좋게 음반을 내게 되었다. 1999년에 발매된 1집 〈My Story〉가 그것이다.

"지금 생각하면 1집은 '내가 다 했기 때문'에 망한 것 같아요. 음반 덕분에 케이블 방송에서 '니나의 일본 통신'이라는 프로그램 VJ도 하게 되었고 2년간 준비해 〈니나의 찌라시로 배우는 일본어〉 책도 냈으니 후회는 없지만요. 책 반응이 폭발적이어서 또 다른 꿈도 이루었어요. 그 책으로 한 어학원에서 일본어 강사로 6개월간 일하며, 일본 노래로 일본어를 가르쳤는데 반응이 폭발적이라 살면서 가장 많은 돈을 벌었던 시기이기도 해요."

음반이 망했을 때도 실패라 생각하지 않았다. 오히려 니나는 실패의 과정을 겪으며 실패의 이유를 알게 된 것, 음반 시장의 시스템을 배운 것 등에 기뻐했다. 니나는 살면서 무언가 하고 싶은 것이 생겼을 때 '잘 될까? 안되면 어떡하지' 걱정한 적이 없단다. 타고나길 긍정적인 성격이라 늘 '잘할 수 있다' 생각했고 그러기 위해 바로 행동으로 옮기고 노력하는 타입이라고. 일단 하고 싶은 건 저질러야 한다는 것, 그리고 무언가 시작했다면 어떤 식으로든 투자를 해야 한다는 것도 잘 안다. 음악을 하고 싶으니 배워야 했고, 적당한 학교를 찾아 어린 나이에 타지로 떠났고, 열심히 공부해 작곡과 편곡, 노래까지 하는 싱어송라이터가 되었고, 음반을 냈고, 책을 집필하고, 일본어 강사에도 도전하며 무엇하나 노력 없이 이뤄지는 일은 없다는 것을 배웠다.

거저 얻어지는 건 없다. '잘 될까?' 망설이는 시간에 온몸과 마음을 바쳐 과감한 도전을 하면 더 많은 것을 배울 수 있다. 실제로 부딪쳐보는 도전 속에서 인생의 또 다른 길이 열릴 수도 있다. 언제 어떻게 발견될지 모를 나의 재능을 위해 '나 자신'을 올인해 볼 필요가 있지 않을까.

관심 자체가 재능, 바로 움직인다

처음 니나에게 인터뷰를 제의했을 때 '자신은 하고 싶은 것도 많고 누구보다 열심히 살고 있지만 남들에게 보여줄 만큼 성공한 것이 없다'며 걱정했다. 그러나 '현재에 최선을 다하며 열심히 살고 있는 것'이 중요하다고 설득해 인터뷰할 수 있었다. 솔직히 이룬 것이 없다는 것은 엄살 아닌가. 꾸준히 음악을 하고 있고, 작가로서 어학교재와 소설책까지 발표했고, 일본어 학원도 차렸고, '니나NINA'라는 패션 브랜드도 론칭하며 늘 무언가에 도전하는 과정에 있으니 말이다.

"꿈이 많아요. 가수로서 언젠가는 다시 한 번 무대에 서고 싶고, 첫 소설을 발표했으니 작가로서도 성공하고 싶고, 일본어 강사로서의 능력도 확인했으니 어학원도 키우고 싶어요. 다양한 재능이 있는데 한 가지만 하며 살라는 법은 없잖아요. 그래서 하고 싶은 건 다 하기로 했어요. 마지막으로 생긴 꿈이 패션 디자이너예요. 패션스쿨에 다녔었고 대중적인 브랜드 론칭 전에 맞춤 전문 부티크로 숍을 오픈했어요."

니나의 다양한 재능에 놀라고, 추진력에 또 한번 놀란다. 재능은 누구에게나 있다. 나도 모르는 다양한 재능을 가지고 있지만 모르고 살아가는 사람들도 많다. 또한 알고 있더라도 대부분 한 가지 재능만 선택한다. 그 재능을 찾는 것이 우리 삶을 이끌어가는 첫 번째 과정일 것이다. 재능을 발견하고, 관심을 갖고, 시작하면 누구든지 꿈을 이룰 수 있다는 것이 니나의 생각. 그야말로 '꿈을 이루는데 필요한 건 나 자신뿐'이라는 말이 실감나는 대목이다.

그렇다면 나의 재능은 어떻게 알아볼까? 니나는 관심 있고 좋아하는 것, 그것 자체가 재능이라고 말한다. 관심을 가지다보면 취미가 되고, 취미로 시작하는 것이 일이 되곤 한다. 니나도 마음에 드는 옷이 없어 한 번 만들어 입어볼까 해서 시작한 것이 패션 디자이너로서의 꿈을 꾸게 했다. 책이라면 만화책도 가리지 않고 열심히 보고 읽는 덕분에 더욱 폭넓은 영감을 얻는다. 직접 경험할 수 없는 세상 많은 것들을 간접경험이라도 할 수 있는 유일한 통로라 생각하기에 책을 손에서 놓지 않는다. 그렇게 간접경험으로 얻은 수많은 정보들은 모두 자신의 것이 된다.

"재능을 알아내려 애쓰지 말고요, 자연스러운 관심사와 흥미, 좋아하는 것이 생기면 일단 저질러보는 거예요. 식음을 전폐하는 수준으로 몰두하고 노력하면 무언가를 얻게 된답니다. 잠이야 조금 덜 자면 되니까, 하고 싶은 건 일단 하면서 살았어요. 그냥 열심히 해나가다 보면 언젠가는 모두 잘하는 날이 올 거라 믿었죠."

재능을 발견하고 연마해 사회에서 무언가 이루는 노력은 누구나 한다. 그런데 '아무리 노력해도 안 된다, 재능은 타고나야 하는 것 아니냐'고 말하는 이들도 있다. 솔직히 나 자신도 니나의 이야기를 들으며 타고난 재능이 많으니 모든 게 쉽지 않았을까 하고 잠시 생각했다. 그러나 하루 평균 서 너 시간도 못 자서 얼굴 경련을 안고 산다는 니나의 말에 살짝 부끄러워졌다. 물론 식음을 전폐하는 수준으로 몰두해야만 노력했다고 말할 수 있는 건 아니다. 그것은 니나의 방법이고, 각자의 스타일을 살려 좋아하는 것에 몰두하면 된다. 자신을 몰두하게 만드는 것, 그것이 바로 재능이니까.

누구에게나 아킬레스건은 있다

"순하게 보이는 외모 때문에 이용도 많이 당했고 사기를 당한 적도 있어요. 저의 소설 〈엑스터시〉에도 잘 묘사되어 있지만 연예계에서는 비일비재한 일이죠. 살면서 저를 가장 힘들게 한 건 인간관계예요. 그래서 저 스스로 마음을 닫는 쪽으로 변한 것이 사실이고 누구를 만나든 처음엔 절대로 마음을 열지 않는 저 자신을 보면 가끔 슬프기도 해요."

처음부터 마음을 열지 말자는 것이 니나가 수많은 인간관계에서 얻은 결론이다. 어느 정도 관계가 지속되고 친해졌다 싶을 때, 자신의 진짜 모습들을 보여주자, 꾸미거나 과장한다는 것이 아니라 조금 덜 보여주자는 것. 처음부터 많은 것을 오픈하면 오히려 역효과를 부를 때도 있고, 진짜 친해질 사람들은 천천히 보여줘도 오래 인연을 키워갈 수 있다고.

또한 좋은 사람들과의 인연을 위해서는 자신의 노력이 필요하다는 것도 깨달았다. 자주 연락하고 교류가 많아야 친해지는데 그것은 누군가의 노력이 필요한 일이라는 것. 애써 잘 보이려 하거나 마음과 다른 행동은 티가 난다. '진심은 통한다. 솔직하게 승부하자'는 것도 니나의 인간관계 유지법이라고.

"저에게는 인간관계만큼 힘든 것이 건강관리예요. 늘 수면부족 상태에서 지냈더니 건강이 안 좋아지고, 늘 피곤해요. 무엇을 하려면 체력이 있어야 해요. 평소 건강이 좋을 때 운동이나 식이요법, 규칙적인 생활 등 자신에게 맞는 방법으로 건강은 반드시 지키도록 하세요. 하고 싶은 것도 많고 해야 할 일도 많은데 체력이 바닥나면 너무 억울하잖아요. 그래서 요즘 저도 보약과 운동, 열심히 챙기고 있답니다."

많은 젊은이들이 체력을 과신하지만 어느 한순간 무너지기 쉬운 것이 건강이다. 건강한 지금부터 규칙적으로 생활하고 운동도 해야 한다. 그래야 오래도록 에너지를 잃지 않고 좋아하는 일도 할 수 있고, 새로운 도전도 할 수 있을테니….

"남들 앞에서 제 꿈에 대해 이야기하는 것을 좋아하지는 않아요. 쑥스럽기도 하고, 반응을 듣는 것이 별로 좋지 않거든요. 특히 나를 아는 사람들이 내가 꿈을 이룰 수 있다는 걸 믿어주지 않을 때 힘 빠지는 건 당연하죠. 꿈을 이루고 나서 '내가 이것을 해냈다'고 이야기하는 게 편하기도 하고요. 어느 한 가지도 제대로 해내지 못하고 있지만 열심히 살고 있고, 차근차근 하나씩 이루어가고 있어요. 작가로서 작품을 발표했으니 이제 앞으로 또 다른 꿈들을 차근차근 이루어가면 되겠죠. 하고 싶었으나 시간이 없어 미루어두었던 일들, 무언가 새롭게 배우고 싶은 것들 모두 과감하게 시도해보세요. 나이에 대한 선입견도 꿈을 방해할 뿐이에요. '지금 시작해도 될까?' 망설이는 것 말이죠. 늦은 나이나 못할 일은 없으니 하고 싶은 것이 있으면 바로 시작하세요. 잘할 수 있을까 라는 걱정은 부질없답니다. 좋아하는 것을 하다보면 어느 때인가 잘할 수 있게 될 거예요."

나나가 그동안 많은 일을 해낼 수 있었던 것은 하고 싶은 것을 미루지 않았기 때문이다. 관심 분야가 나타나면 '잘할 수 있을까' 생각하기도 전에 이미 마음은 그 분야에서 성공한 자신의 청사진을 그리고 있으니 몸이 먼저 움직일 수밖에. 이것은 굉장히 중요한 성공 포인트이자 인생 전략이 아닐 수 없다. 당신이 망설이고 있을 때 많은 이들이 앞서나가고 있다. 관심을 갖게 된 것만으로도 놀라운 발견이다. 경험하지 않을 수도 있는 실패를 두려워하며 걱정과 고민으로 시간을 보낼 바에는, 자신을 믿고 부딪혀보는 것이 현명하다. 니나가 1집 실패 경험을 통해 더 많은 것을 깨달았듯이 고민의 시간보다는 경험을 통해 배울 수 있는 것이 훨씬 많다. 성공을 위해서는 노력과 투자가 필요하며 실패 역시 투자다. 더 이상 미루지 말고, 지금 당장 흥기를 느낀 그것을 시작해보자.

내 인생은
나의 것,
결정은 내가 한다

뉴에이지 피아니스트 | 메이세컨 *

1975년생. 5월 2일생이라 예명을 메이세컨이라 지었다. 본명은 김사라. 다섯 살 때 피아노를 시작한 후 피아니스트가 유일한 꿈이었으나 중학교 때 선생님과 부모님의 반대로 좌절, 인문계 고등학교에 진학한다. 그러나 결코 피아노를 포기할 수 없어 고2 때 다시 시작, 불행히 대학에 떨어진다. 재수시절 잠시 미국에 갔을 때 유학에 대한 꿈을 키우고 돌아와 한국에서 대학원까지 마치고 미국으로 유학, 박사 학위를 들고 귀국해 서울종합예술학교 실용음악과 교수로 학생들을 가르치며 뉴에이지 피아니스트, 작곡가로 활동하고 있다. 2003년 1집 음반 〈Maysecond〉, 2005년 2집 〈Blue Marble〉에 이어 2006년 12월 3집 〈2 Impact〉를 발표했다.

내 인생은 *
나의 것,
결정은 내가 한다

메.
이.
세.
컨.

뉴에이지 피아니스트

나이가 많든 적든 모든 결정은 자기 자신이 하는 거다.
정말 하고 싶은 건 끝까지 포기하지 말아야 한다.
그리고 선택했으면 올인해야 한다. 인생, 그리 길지도 않은데
자기 자신에게 좋은 것이 무엇인지, 행복한 것이 무엇인지 생각해보자.
그리고 어떤 선입견도 버리길 바란다.
디자이너는 이렇다, 피아니스트는 이렇다, 작가는 이렇다 등등
직업에 관한 선입견을 깨야 발전할 수 있고 자신만의 컬러를 만들어갈 수 있다.

女自 여자의 발견

처음 만났을 때, 너무 예쁜데다가 성격까지 소탈한 그녀에게 반했을 뿐 뉴에이지 피아니스트 메이세컨을 알아보지 못했다. 뉴에이지 음악에는 별다른 조예가 없는지라 이미 온스타일 TV의 콘트라 섹슈얼이란 프로그램으로 얼굴이 많이 알려졌고, 앨범도 많이 팔렸고, 어딜 가나 알아보는 사람들이 있는 인기인이었던 그녀를 몰라보고 내게 너무 예쁜 예술가 친구가 생겼다는 기쁨에만 차 있었다. 그러던 어느 날, TV에서 그녀를 보았다. 한 시간 정도 메이세컨의 음악과 일상을 보여주는 프로그램이었는데, 메이세컨의 음악과 삶에 대한 열정에 놀란 것은 둘째 치고 '저 여인, 우리나라 뉴에이지계의 큰 별이 되겠군' 하는 확신이 들었다. 그런 사람을 몰라보고 너무나 편하게만 대했던 날 떠올리며 피식 웃음이 나왔다. 메이세컨에 대해 많은 것들이 궁금해졌기에 일단 그녀에게 쳐들어갔다. 갑작스레 쏟아내는 많은 질문에 TV에서처럼 열정적으로 말해주던 메이세컨, 그렇게 그녀는 나의 또 다른 스승이 되었고, 여러분에게도 그럴 거라 확신한다.

부모님은 언젠가 뛰어넘어야 할 벽?

   내성적이고 말이 없던 아이 메이세컨, 말을 잘하게 된 다섯 살 생일에 부모님은 큰맘 먹고 피아노를 사주셨다. 그것이 어린 메이세컨과 피아노의 첫 만남이자 음악 인생의 시작이었다.

   "그때부터 피아노를 꾸준히 쳤어요. 누가 연습하라고 하지 않아도 계속 했죠. 지금 생각하면 어려서부터 음악을 좋아했던 것 같아요. 어린 아이들이 다 그렇듯 재능이 있건 없건 일단 끈기가 없잖아요. 그런데 저는 피아노를 칠 때만큼은 엄청난 끈기를 발휘하곤 했죠. 몸과 마음, 머리와 손가락이 모두 하나가 되어 혼자만의 공간을 채우는 것이 좋았어요. 피아노도, 책 읽는 것도, 그림 그리는 것도 좋아했는데 모두 내성적인 성격을 잘 보여주네요. 하하하."

그림으로도 상을 많이 탔다니 예술적 감각은 타고났나 보다. 피아노를 업으로 하고 있는 지금도 그림은 메이세컨의 중요한 취미 중 하나다. 성격이 외향적으로 바뀌어 가던 사춘기 시절에도 피아노와 그림이 메이세컨의 전부였다고 이야기할 만큼 그녀 인생에서 중요한 비중을 차지한다. 어릴 적부터 듣는 귀를 해치고, 보는 눈을 해치면 예술이 아니라 생각했던 신념까지, 그녀는 타고나기를 예술가가 아니었을까. 그런 그녀에게 시련은 일찍 찾아온다.

"피아노를 계속 하려면 예고에 가야 했기에 음악을 꾸준히 하면서 공부도 열심히 했어요. 그런데 담임선생님이 예고는 공부 못하는 애들이나 가는 거라며 음악을 시키지 말라고 해서 엄마가 반대하고 나섰어요. 제 인생에서 가장 크게 좌절한 순간이었죠."

메이세컨은 자신의 생각을 무시한 채 인생에 끼어든 신중하지 않았던 선생님과 부모님 때문에 마음을 닫고 피아노도 덮었다. 그렇게 인문계 고등학교에 갔으나, 아무리 생각해도 피아노를 그만둘 수가 없었다. 엄마를 설득해 피아노를 다시 시작했지만 너무 오래 쉬었던 걸까, 결국 대학에도 떨어졌다. 재수해서 대학에는 들어갔지만 방황의 연속이었다.

내 마음이 시키는 일은 확실하지만 예기치 못한 난관에 부딪칠 때가 있다. 부모님의 반대야말로 청소년 시절 우리가 최초로 만나는 벽이 아닐는지. 꿈을 이루기 위해서는 부모님의 경제적인 원조가 필요하기에 영향을 받지 않을 수 없다. 전공 선택이나 취업을 할 때마저도 부모님의 의견은 중요한 변수가 된다. 물론 뜻이 맞아 적극 지원을 받으면 좋겠지만 그렇지 않은 경우가 많으니 갈등하고 힘들게 된다. 메이세컨은 부모님의 반대에 맞서 더 단호하지 못했던 자신을 탓한다. 절실한 만큼 끝까지 싸웠어야 했지만 물러섰고, 그래서 시간을 허비했다는 것. 선생님이나 부모님은 중요한 사람들이고 어른들의 이야기에도 귀 기울여야 하지만 가장 중요한 것은 자신이다. 자신의 목소리에 더 귀를 기울이고 어른들을 설득하면 시간 낭비를 줄일 수 있지 않을까.

피아니스트로서의 또 다른 길을 만나다

메이세컨은 대학에 들어갔지만 여전히 마음을 잡지 못하고 방황한다. 메이세컨의 아버지는 방황하고 있는 딸을 여행 삼아 미국에 데려가고, 그곳에서 메이세컨은 유학에 대한 꿈을 꾸게 된다.

"그곳에서 만난 유학생이 어릴 때 오면 방황하다 실패하고 돌아가는 경우가 많다고 한국에서 학과 공부를 모두 마친 뒤 유학 오는 것이 좋다고 조언했어요. 그렇게 유학이라는 목표가 생기고, 많은 고민 속에서 제 인생을 개척하면서 비로소 철이 들었던 것 같아요."

메이세컨은 한국에서 공부를 마치고 미국으로 갔다. 환경이 사람을 만든다고 했던가. 유학시절을 떠올리며 '도를 닦았던 시간' 이라고 말할 정도로 미국에서 메이세컨은 많이 변했고 많이 배웠고 많은 것을 깨달았다. 24시간 계속되는 혼자만의 시간, 더 깊어지는 사색으로 모든 것에 진지하게 되었고, 외로움에 익숙해졌다. 그리고 그때 작곡을 하기 시작했고, 비로소 예술인이 되었다는 그녀. 작곡을 통해 감성적인 면이 채워지고 처음으로 '마음 저 깊은 곳의 눈물' 이라는 것도 흘려보게 되었다. 그때 배운 작곡 능력은 지금 메이세컨의 차별성을 만들어주었다.

유학시절, 전문 연주자 과정 수업을 듣는데 연주회 준비, 개인 레슨, 수업 등으로 일 주일 내내 정신이 없었다. 한 번은 예전에 잘나갔다는 피아니스트 선생님으로부터 레슨을 받는데, 아무리 해도 한 부분이 안 되는 것이었다. 선생님이 직접 시범을 보이셨는데, 그 연주를 듣고 메이세컨은 펑펑 울었다고 한다.

"같은 피아노, 같은 악보인데 왜 나는 안 되는 걸까, 생각하며 그 분을 보고 '교수가 되고 싶다' 고 결심했어요. 그때의 감동으로 누군가를 가르치는 일의 매력을 느낀 거죠. 그래서 최단기간 박사학위를 받을 수 있는 학교를 알아보고 줄리어드로 옮겨 열심히 공부했어요. 그곳 교수님들의 방에 가서 어느 책을 꺼내 보아도 열심히 공부한 흔적들로 가득해요. 그러니 나도 좋은 교수가 되기 위해 열심히 공부할 수밖에 없었죠."

한국에 들어올 때쯤 고민이 생겼다. 연주회를 너무 많이 하다 보니 지친 상태였고, 연주자는 아무리 죽도록 연습해도 연주회 날 실수 한 번이면 끝이라는 압박감에 지쳤고, 남들이 만든 곡을 연주하는 것도 싫증이 났다. 그래서 메이세컨은 자신의 음악을 하기로 결심하고 한국에 들어오자마자 그동안 작곡해 놓은 악보를 정리해 교수직을 알아보는 것도 뒤로한 채 음반 만들기에 나섰다.

"한국에 와서 친구들을 만났는데 거리에서 '유키구라모토 콘서트' 포스터를 보았어요. 친구들에게 '이 사람이 누구냐' 고 물으니 한국에서 가장 유명한 뉴에이지 피아니스트라더군요. 한국에서 제일 유명한 피아니스트가 한국 사람이 아니라니, '그래 내가 해야겠다!' 라는 생각이 들면서 음반 작업을 더욱 서둘렀죠. 데모 CD를 만들어 세 군데 음반사에 보냈는데 어느새 벌써 3집을 준비 중이네요."

유학시절은 메이세컨에게 많은 가능성을 안겨주었다. 피아니스트로서 훌륭한 연주자가 되었고, 작곡능력까지 갖춰 음반까지 내게 되었고, 그곳에서 만난 훌륭한 선생님들을 보며 교수가 되겠다고 다짐했으니 말이다. 연주 실력은 물론 작곡능력에 박사학위도 있었으니 강단에 서는 일도 그리 어렵지는 않았다. 이렇게 되기까지 전문 교육만 10년을 넘게 받았다. 그 세월 동안 오직 그녀의 머리와 마음속에는 피아노밖에 없었다. 피아노를 잘 연주하기 위해 자신을 기꺼이 혹사했고, 새로운 음악을 위해 미친 듯이 작곡했고, 훌륭한 교수가 되기 위해 사력을 다해 공부했다. 하루 24시간, 오로지 음악과 함께했다. 인생의 고민 역시 음악에 관한 것뿐이었다. 외길인생이 따로 없다. '이것이 내 갈 길'이라는 확신이 든다면, 나를 몰입하게 만드는 무엇이 있다면, 한 눈 팔지 말고 한 방향으로만 정진하고 파고 들어보자.

어쩔 수 없는 직업인, 사회생활 비법이 필요하다

교수나 연주자, 작곡가도 평범한 생활인과 다를 것 없다. 하지만 메이세컨은 워낙 음악에만 몰입해왔던지라 사회생활에 어려움이 많다고 한다. 혼자 있는 것을 워낙 좋아하지만, 하고 싶은 일을 하기 위해서는 기본적으로 많은 사람들을 만나야 하니 자신을 바꿔야 했다.

"한 가지 분명한 것은 적어도 다른 동료 교수들처럼 되지 않겠다는 거예요. 그들을 보며 완전히 다른 세계를 꿈꾸죠. 교수라는 직함으로 학교에 있는데도 학생들을 제대로 지도하지 않고 챙기지 않는 것이 싫었어요. 학생들만 생각하는 진짜 제대로 된 교수가 되기 위해 우리나라에서 결혼은 힘들다는 생각이 들어요. 가정일과 학교일을 모두 잘해낸다는 건 제게 무리인 것 같아요."

무언가 얻으려면 다른 하나는 희생해야 한다는 것이 메이세컨의 생각이다. 그래서 좋은 교수가 되기 위해 결혼은 포기한 상태다. 직업의 차이도 있겠지만 그녀는 자신의 행복을 위해 일을 택했다. 인생에서 어떤 선택을 해야 하는 양자택일의 순간, 어떤 것을 포기하는 것이 아깝더라도 더 행복해질 수 있는 나의 길을 선택해야 한다. 아직은 여성들의 사회생활에 걸림돌이 많은 우리나라의 분위기상 일과 결혼 모든 것을 다 이루기란 쉽지 않다. 세상은 일도 결혼생활도 모두 잘 해내는 수퍼우먼이 되기를 원하지만 그것 또한 가부장적인 남자들의 생각이다. 언론에서도 수퍼우먼들을 멋있게 포장하고 있지만 현실은 그렇지 않다. 물론 둘 다 적당히 할 수도 있다. 하지만 적어도 학생들을 가르치는 교수라는 직업에 있어서는 '적당히'는 없다는 것이 메이세컨의 지론.

사회생활을 하며 메이세컨이 예상치 못한 또 하나의 어려움은 사람들의 선입견이다. 남다른 패션 감각과 빼어난 외모 덕에 어디에 있어도 튀는 스타일인지라 그것에서 오는 선입견은 항상 그녀를 힘들게 한다.

"겉으로 보이는 모습이 전부가 아니잖아요. 이야기를 나누다보면 선입견 따위는 없어지고 서로의 진정한 면모를 보게 됩니다. 연주의 자유로움, 많은 상상력을 표현할 수 있는 것이 뉴에이지 음악이고, 그런 저의 느낌을 많이 실어 연주하죠. 자유로운 옷차림도 그런 저의 내면을 표현하는 수단 중 하나일 뿐이에요. 사람들의 선입견을 피하려고 틀에 얽매일 필요가 있을까요?"

사회의 잣대로 메이세컨의 겉모습을 바라보면 우리가 알고 있는 피아니스트의 모습과는 다분히 거리가 있다. 그러나 피아니스트의 옷차림은 누가 규정해놓은 것인가? 우리 스스로 선입견을 벗어버려야 스스로를 표현할 수 있는 자기만의 스타일을 찾을 수 있다. 선입견은 선입견일 뿐이다. 메이세컨이 그렇듯 처음엔 선입견이었던 것이 그녀만의 멋진 개성으로 다가오게 될것이다.

"처음 뉴에이지 음악을 시작했을 때 왜 이 분야에서 성공한 사람들은 모두 나이가 들었을까 궁금했는데 한 음반 관계자분이 '뉴에이지 음악은 인생의 연륜이 있어야 하기 때문'이라고 하더군요. 처음엔 그 말에 공감할 수 없었지만 지금은 알 것 같아요. 잘 모르고 뛰어들었을 때는 유키 구라모토나 앙드레 가뇽의 음악과 내가 뭐가 다를까 싶었지만 철이 든 지금 다시 들으면 그들의 음악에는 연륜이 있더군요. 저에게는 엄청 큰 깨달음이었어요. 그래서 저도 인생을 더욱 폭넓게 많이 경험하며 살아가려고요. 그러면 저의 음악에도 연륜이 더해지며 폭넓은 사랑을 받을 거라 생각해요. 제 음악에 저의 모든 것이 담길 테니까요."

"나이가 많든 적든 모든 결정은 자기 자신이 하는 거예요. 중학교 때 선생님과 엄마가 반대했지만 포기하지 말았어야 했어요. 정말 하고 싶은 건 끝까지 포기하지 말아야 해요. 그리고 선택했으면 올인해야 합니다. 각자의 분야에서 성공을 이루는 것은 중요해요. 인생, 그리 길지도 않은데 자기 자신에게 좋은 것이 무엇인지, 행복한 것이 무엇인지 생각해야 해요. 제가 만약 갑자기 결혼하는 것이 행복하다고 생각되면 내일 당장이라도 일을 그만 둘 수 있어요. 하지만 지금의 저는 아무리 생각해도 일할 때가 가장 행복하기 때문에 결혼을 포기했을 뿐이에요. 그리고 어떤 선입견도 버리길 바래요. 디자이너는 이렇다, 피아니스트는 이렇다, 작가는 이렇다 등등 직업에 관한 선입견을 깨야 발전할 수 있고 적극적으로 자신만의 컬러를 만들어갈 수 있어요."

　인생, 그리 길지 않다. 누구나 나이가 들수록 더 빨리 흘러간다는 것을 느낄 것이다. 솔직히 서른이 넘으면 흐르는 시간이 아까워 마음이 급해지는 것이 사실이다. 찰나의 인생, 행복해야 하지 않겠는가. 행복한 인생을 위한 메이세컨의 조언을 기억해두자. 자기 자신을 믿을 것, 정말 하고 싶은 건 절대 포기하지 말 것, 선택한 것을 위해 버려야 할 것은 버릴 것, 자신의 행복에 대해 늘 생각할 것, 그리고 그 생각대로 살아갈 것, 세상의 선입견 따위는 신경 끌 것. 하고 싶은 것만 하며 살기에도 짧은 인생임을 잊지 말자. 더 이상 '시간낭비'라 생각되는 것에 인생을 허비하지 말고 나의 행복을 위해 버릴 건 버리고 깨야 할 것은 깨자. 당신은 어떤 사람인가? 행복한가? 선뜻 대답이 나오지 않는다면 더더욱 현실을 깨고 부수고 넘어서는 용기가 필요하다. 왜? 결국 우리는 하고 싶은 걸 하면서 행복하려고 사는 거니까.

일이 곧
놀이이고,
놀이가 곧 일이다

출판 기획 편집자 · 삼성출판사 | **박 현 선**

1975년생, 대학에서 경영학을 전공하고 1996년, 웅진출판 잡지부 공
채에 합격해 기자 생활을 시작한다. 〈위드〉, 〈신디더퍼키〉 등을 거치
며 8년간 패션지 기자 생활을 마감하고, 돌연 단행본 출판계에 투신,
삼성출판사 편집 팀장으로 실용 무크를 비롯한 다양한 책을 만들고 있
다. 2007년 〈간고등어 코치, 王자를 부탁해!〉가 대박을 터뜨리며 승승
장구하고 있다.

일이 곧 *
놀이이고,
놀이가 곧 일이다

박.
현.
선.

출판 기획 편집자 · 삼성출판사

내가 좋아하는 일은 열심히 해서 꼭 1등을 하자.

좋아하지 않아도 꼭 해야 할 일이라면 최선을 다하고 책임을 지자.

내가 싫어하는 일이라도 욕먹을 짓 하지 말고 중간은 하자!

이것이 바로 나의 생활 신조이다.

앞뒤 재고 따질 것 없이 주어진 현재에 올인하는 것,

그러다보면 자연스레 내가 가고자 하는 길은 열리게 되어 있다.

女目 여자의 발견

출판 기획자이자 편집자인 박현선, 그녀는 두 곳의 회사에서 함께 일한 나의 직장 동료이자 절친한 친구이기도 하다. '박현선'에 대한 사람들의 평가는 한결같다. 늘 웃는 얼굴의 기분 좋은 사람, 에너지 넘치는 사람, 항상 즐겁게 일하는 사람이라는 것. 또한 늘 놀라는 점은 일하며 만난 수백 명의 사람들 모두가 그녀를 좋아한다는 것이 다. '그게 뭐?' 할지도 모르겠지만 나는 그런 사람을 두 명 정도밖에 알지 못한다. 사회 생활을 하면서 적을 만들지 않는 것은 굉장히 어려운 일이다. '호감형 인간' 박현선, 이것이 그녀를 소개하고 싶은 이유이다.

박현선은 항상 장난스러운 표정과 행동을 일삼지만 누구에게나 최고의 상담가로 통한다. 풀리지 않던 고민도 그녀에게 털어놓으면 명쾌하게 결론이 난다. 상대방을 정확히 판단해 가끔은 찔려서 아플 정도로 사실적이고 객관적인 조언을 해주어 많은 사람의 멘토 역할을 하고 있다. 박현선은 8년 정도 잡지기자로 근무하다 2년 전, 고심 끝에 단행본 출판계로 이직했다. 항상 긍정적인 그녀지만 늘 즐겁기만 했을까? 그녀의 생기발랄 좌충우돌 스토리를 들어보자.

언 제 나 즐 겁 게 놀 준 비 는 되 어 있 다

"선천적으로 꾸미는 걸 좋아하는 편이었고 잡다하게 호기심도 참 많았어요. 어렸을 적엔 사촌동생들 주르륵 모아놓고 디스코 머리도 현란하게 땋아주고, 내 맘대로 새로운 머리 모양을 만들면서 놀곤 했죠. 또 엄마가 버리는 스카프나 티셔츠를 잘라서 옷도 만들고, 한창 패브릭 페인팅이 유행할 땐 청바지에 그림을 그리고 찢고 오려서 빈티지 청바지를 만들어 입고…, 한 마디로 튀는 거 참 좋아했어요. 그런 잡다한 관심 때문인지 잡지를 참 많이 봤고, 직업을 선택해야 했을 때 생활 속 발견처럼 자연스레 잡지기자에 마음이 동하게 되었죠."

대학교 때는 열심히 놀았다. 매우 열심히, 정열을 다해서 놀았기 때문에 그 시간들을 돌이켜 봤을 때 오히려 뿌듯할 정도다. 박현선은 항상 '내가 하고 싶은 걸 하는 것 = 논다는 것'이라고 생각해왔다. 당연한 이야기지만 많은 사람들이 논다는 것에 대한 중요성을 간과하고 있다. 노는 것이 왜 그렇게 중요할까?

"대학 4년 동안 하고 싶었던 일들을 원없이 해 봤어요. 동아리 활동을 통해 늘 동경했던 연극 무대에 서보기도 했고, 수십여 가지 아르바이트를 하며 돈 버는 거 참 힘들다는 걸 알아가며 다양한 직종을 체험했고, 그렇게 번 돈을 모아 배낭여행을 다녀왔을 땐 제 자신이 너무나 자랑스러웠죠. 친구들과 무작정 무전여행길에 올랐을 땐 내 젊음과 자유, 용기를 발산하며 사는 게 마냥 행복했어요. 물론 우등생으로 졸업하진 못했지만 그때 그 추억들은 A⁺ 학점과 바꾸자 해도 거절할 거예요. 그 시절 내가 보고 듣고 느꼈던 그 모든 경험과 추억들이 지금 나에겐 A⁺보다 더 든든한 밑천이 되었거든요."

박현선처럼 놀면 누구나 즐거울 수 있을까? 노는 게 즐거우려면 무엇이든 즐길 마음의 준비가 되어 있어야 한다. 세상의 모든 일을 호기심 있게 바라고, 즐길 준비를 해보자. 일할 때는 일하고 놀 때는 확실하게 놀고, 언제나 놀면서 얻게 되는 많은 정보를 일로도 연결하고…. 맛있는 맛집을 찾아다니는 것을 좋아하는데 그것을 엮어 책을 내볼까 생각하고, 좋아하는 가수의 공연에서 목이 쉴 정도로 열심히 놀다가도, 마니아 책을 기획해보면 어떨까 하며…, 모든 놀이가 곧 일로 연결되는 것이다. 그러다보니 자연스레 생활 자체에서 활기가 넘쳐흐를 수밖에. 그런 그녀의 놀이 바이러스는 고스란히 주변 사람들에게 전해진다.

대학시절, 그녀가 더욱 열심히 놀았던 이유 중 하나는 재미없는 전공 때문이었다. '경영학과가 취직도 잘 되고 좋더라!' 는 선생님과 부모님의 권유 때문에 반항 한 번 못해 보고 자신의 꿈과는 거리가 먼 전공을 선택하게 된 것. 학교를 다니면서도 '왜 난 이렇게 재미없는 학과를 선택했을까' 후회도 많이 하고 가끔 수업을 빠지기도 했다. 하지만 사회생활 10년차 정도 되고 보니 그때 대학에서 배웠던 경영학 공부가 많은 도움이 된다고.

"부서원이었을 때보다 한 부서를 책임지는 팀장으로서 판매와 마케팅에 더 많은 신경을 써야 하기 때문에 그 어느 때보다 대학 때 배운 지식들을 유용하게 써먹고 있어요. 경영학, 마케팅, 인사관리학 모두 조직 생활을 하며 내가 어떻게 행동하면 좋을지, 조직 내의 인화 단결력을 높여 시너지 효과를 내는 방법은 무엇인지 등을 항상 리마인드시켜 주거든요."

경영이라는 것은 기업의 최종 목적인 이익 창출을 위한 기초 학문이다. 지금 기획 단계의 일을 하고 있더라도 최종 마케팅 전략까지 생각하면서 일을 진행하면 그렇지 못한 경우보다 월등하게 결과물이 좋을 수밖에 없다. 가장 기본이 되는 경영 관련 지식이 그녀의 능력을 더욱 견고하게 해주는 탄탄한 주춧돌이 되었다는 것이다. 이는 어떤 분야의 일을 하든 마찬가지다. 우린 모두 경제활동을 하고 있는 거니까.

"전공을 잘못 선택해 후회하고 있는 후배님들, 과감하게 다른 전공을 선택할 용기가 없다면 현재에서 최선의 결과를 뽑아내세요. 혹시라도 이런 걸 배워서 사회에 나가 써먹을 일이 있을까 라는 생각을 한다면 큰 오산이에요. 무슨 분야를 공부하든 헛된 학문은 없으니 열심히 배워두자고요. 쓸모 없는 배움은 없습니다!"

특별한 기술이 필요한 분야를 제외하고는 대학에서 무엇을 배우더라도 사회에 나와 처음부터 실무를 배워야 한다. 이론과 실용의 차이가 아니라 기본과 현장의 차이다. 그러므로 대학에서는 기본기를 갖추는 데 충실하고 사회에서는 그것을 바탕으로 실무를 배우며 응용하고 활용해 가면 된다.

취업 준비, 나의 스타일을 정확히 파악하라

"취업 준비를 다른 아이들과는 조금 다르게 했어요. 워낙 일반 사무직에는 관심이 없었고, 흔히들 목숨 거는 토익 점수조차 신경 쓰지 않아서 이곳저곳 기웃대지 말고 내가 하고 싶은 일, 잘할 수 있는 일이 무엇인지를 명확하게 하자고 생각했죠. 그랬더니 잡지기자, 이벤트 기획자, 서비스 분야로 좁혀지더군요. 주로 독창적인 아이디어를 필요로 하거나 많은 사람들과 만나는 일에 흥미를 느꼈어요. 욕심 내지 않고 내 적성에 맞는 일을 할 수 있는 회사라면 어디라도 도전해보자고 결심했죠."

그래서 박현선은 D항공사 스튜어디스와 웅진출판 잡지기자 공채에 응시했고, 둘 다 합격 통지서를 받았다. 스튜어디스는 여자라면 누구나 한번쯤 꿈꾸는 것처럼 박현선에게도 매력적인 직업이었다. 깔끔한 용모와 제복을 입은 모습도 멋지고, 세계 여러 곳으로의 여행 기회도 부럽고, 연봉도 높은 편이라 들었기에 도전해보고 싶은 분야였다. 하지만 왠지 단순 반복적인 업무에 쉽게 질릴 것 같다는 생각이 들어 더 역동적이고 성취감을 느낄 수 있을 것 같은 잡지기자를 선택한다. 끊임없이 새로운 아이디어를 찾아야 하는 긴장감, 그동안 열심히 놀며 체득한 정보와 '끼'를 제대로 표출해 볼 수 있는 다양한 기회에 대한 기대, 많은 사람들을 만나고 다양한 주제로 글을 쓰면서 많은 것을 보고 듣고 배울 수 있는 기회, 이런 것들을 생각하니 두 번 고민할 필요도 없이 잡지기자가 딱!이라는 결론을 내렸다.

자기 발견이야 말로 취업 준비의 진정한 시작이다. 내 성격은 어떻지? 무엇에 흥미를 느끼지? 뭘 해 놓았고, 잘할 수 있지? 하나로 결론이 나지 않을 때는 박현선처럼 흥미 있는 모든 분야에 지원해보는 것도 좋다. 준비하며 그 회사에 대한 정보와 구체적으로 하는 일을 알아보게 되고 최종적으로 자신에게 맞는 직업을 찾을 수 있다. 떨어지더라도 여기저기 지원하다 보면 이력서나 자기소개서 쓰는 법도 늘고 면접 경험을 통해서도 많은 것을 배우게 되니 절대 시간 낭비는 아니다. 취업 기회가 준비되었다고 찾아와주는 것도 아니니 다양한 회사에 지원해보면서 스스로 기회를 만들어가야 하지 않겠는가.

장점은 최대한 부각시키고 단점은 있는 힘껏 숨겨라

여자들에게 인기가 많은 직업 중 하나인 스튜어디스와 잡지기자에 모두 합격할 수 있었던 비결은 무엇일까? 박현선은 '나만의 숨은 끼와 가능성에 대해 제대로 어필하자!' 는 작전이 성공한 것이라 스스로를 평가

한다. 자신의 장점을 최대한 부각시킴으로써 낮은 학점과 영어점수 등의 취약점을 커버하자는 작전이었다. 그래서 입사 지원서와 자기소개서를 쓸 때 상당히 공을 들였는데, 겉표지를 만들어서 한 권의 책을 읽듯 자서전 형식의 자기소개서를 만들었고, 그림을 그리거나 사진을 활용해 신문처럼 편집했다. 특히 잡지사에 지원했을 때는 톡톡 튀는 자기소개서 내용이 상당히 어필했다는 것을 입사 후 알았다. 인사담당자들이 '어떤 골 때리는 녀석인지 한 번 얼굴이나 보자' 는 심정으로 뽑았다고 했다.

요즘에는 학점 좋고, 영어 실력이나 자격증 등 기본적인 실력을 갖춘 인재들이 많아 기업들은 서류 심사부터 무척이나 고심한다. 1차 서류 심사에서 눈에 띄어야 면접 기회도 얻을 수 있다. 동아리 활동, 봉사 활동, 인턴십, 아르바이트 등의 경력 사항도 중요하게 체크된다. 그 점에서 박현선의 '장점을 최대한 부각시켜 단점을 커버하는 전략' 은 좋은 예로 보인다. 박현선이 자서전 형식의 자기소개서에 부각시켰던 다양한 아르바이트 경험, 여행 경험, 좋아하는 것들에 대한 이야기들은 그녀의 '즐겁게 놀자' 철학에서 얻은 결과물들이었고, 모자란 학점이나 영어실력을 커버하기에 충분해, 취업하는 데 중요한 역할을 했던 것이다.

"면접에 목숨을 걸었죠. 자신감 있는 태도로 '나는 창의력이 뛰어난, 꼭 필요한 인재' 임을 어필하려고 노력했어요. 그리고 첫인상이 중요한 거 알죠? 누가 봐도 호감 가는 외모를 지닌 사람이 되도록 노력해야 해요. 미모가 아니라 단정하고 깨끗하면서도 각 회사가 원하는 분위기에 맞는 옷차림과 외모 연출이요. 매너 있고 호감 가는 말투와 몸짓도 무시할 수 없어요. 늘 웃는 얼굴로 사람을 대하던 버릇이 이때 효과를 본 것 같아요. 자기 PR 시대예요. 기회가 주어졌을 때 최대한 어필해야죠."

그야말로 에너제틱했던 8년간의 잡지기자 생활

"잡지기자 생활은 매우 행복했어요. 처음 생각대로 일하면서 많은 것을 보고 듣고 배울 수 있어서 참 좋았고, 역동적인 일 덕분에 20대를 참으로 열정적으로 일하며, 보람되게 마무리할 수 있었어요. 잡지는 한 달을 주기로 일의 사이클이 돌아가기 때문에 늘어지고 지루한 일을 못 견디는 저에겐 특히 잘 맞았어요. 미친 듯이 일하고, 또 미친 듯이 놀고! 마감하고 쉬는 기간에 콘서트, 패션쇼, 영화, 연극이나 뮤지컬을 보며 문화를 만끽하는 것들 모두가 다음 달 해야 할 일들의 모티브가 되기도 하고, 밑천이 되기도 하니깐 일이 놀이이고, 놀이가 곧 일인 느낌이었지요. 누구나 20대에는 엉뚱하고 기발한 생각들이 넘쳐나고 에너제틱하잖아요. 그런 끼를 맘껏 발산할 수 있는 기회가 열려 있다는 점에서 잡지기자는 참 재밌고 젊은 직업이에요. 다른 기자들은 슬럼프를 느끼기도 했지만 저는 그럴 겨를 없이 즐겁게 일하고 신나게 놀았어요."

매달 마감을 하면서도 끝나면 '뭐하고 놀까' 정보 찾기에 바쁜 그녀였다. 어린시절부터 늘 재미있는 것을 찾으며 '놀아온 덕분' 일까. 그 놀이들은 그녀에게 기사 아이템이 될 뿐 아니라 정보와 지식이 되어 늘 에너지 만땅 상태를 유지시켜준다. 박현선은 잡지기자가 되려면 문화생활을 즐기고, 책도 많이 읽고, 아르바이트나 여행 등 많은 경험을 쌓는 것이 중요하다고 말한다. 말 그대로 잡지(雜誌)이기 때문에 잡다한 지식이 필요하고 그것을 얻기 위해 발로 뛰어야 한다는 것. 여기에 엉뚱한 상상력과 폭넓은 인간관계, 자신의 생각을 글로 나타낼 수 있는 표현력과 최소한의 문장력을 갖추고 있다면 누구나 기자가 될 수 있다.

전문가보다 더 전문가다운 아마추어가 넘쳐나는 세상이기에 꾸준히 공부하고 경험하지 않으면 뒤처지기 쉽다. 그래서 박현선은 기자 시절 패션에 관한 인터넷 동호회, 마니아 클럽 등에 가입해 많은 정보를 얻었고 꾸준히 공부했다. 그곳에서 회원들이 나누는 대화의 주제만 잘 파악해도 최신 트렌드는 물론 요즘 세대들이 어떤 것에 관심 있는지 금방 리서치할 수 있었다. 물론 패션쇼에 가고 다양한 TV 프로그램을 보는 것들도 특유의 튀는 감각을 유지해가는 데 큰 도움이 됐다.

잡지기자들은 한 달에 한 번 마감을 하기 때문에 워커홀릭 증세를 누구나 조금씩 가지고 있다. 길거리에서 만나는 사람들, 텔레비전에 나온 스타들, 영화 속 배우들의 옷차림 등 최신 트렌드 외에 일상에서 만나는 모든 것들을 집착적으로 잡지 기사 아이템과 연관시키는 경향이 있다. 그러나 그런 집착이 그저 강박이 아니라 즐거워야만 잡지일에 적합한 사람이다. 늘 시간에 쫓기는 생활이니 사생활과 일의 경계를 허물어 모든 것을 즐길 자세가 되어 있다면 금상첨화라고….

여 자 나 이 서 른 , 새 로 운 인 생 을 찾 아 떠 나 다

잡지기자를 그만 두고 새로운 일을 찾아야겠다고 생각한 건 수석 기자가 된 후부터다. 여자 나이 서른이 되고 보니, 무언가 전환점이 필요하다는 생각이 들었다고. 앞으로 지금 있는 잡지에서 편집장이 될 것인지, 좀 더 기자로서 오래 일할 수 있는 다른 잡지로 옮길 것인지, 아예 다른 일을 해야 할지 등을 고민했다.

"잡지가 최신 트렌드에 민감한 만큼 수명이 짧은 책이라면, 단행본은 깊이 있는 내용을 다룰 수 있는 수명이 긴 책이죠. 잡지 만드는 일이 톡톡 튀는 감각과 열정이 넘쳐났던 20대에 어울렸던 일이라면, 단행본 편집 자로서의 일은 나이가 들어서도 할 수 있는 일이라고 생각했어요. 초대박 베스트셀러에 대한 꿈도 있었고, 단행본을 하고 싶더라고요. 잡지기자 9년차, 어느새 나이도 서른을 넘었고, 늘 한 달 단위로 비슷하게 돌아가는 업무에 약간은 실증도 났고요. 약간 느슨해진 자신을 다잡고 다시 한 번 열정적으로 일해보고 싶은 욕심도 있었고요. 그래서 오래도록 일하려면 지금쯤 이직을 해야겠다는 생각을 했고 마침 제의가 들어온 출판사로 옮기게 되었어요."

잡지와는 또 다른 단행본 편집 업무를 하면서 처음엔 달라진 업무가 버겁고 일의 진행 시간도 늘어지고 내근이 많아 후회하기도 했다. 하지만 그럴 때마다 '현재에 충실하자!'는 자신의 인생 모토를 떠올렸다. 힘들어도 힘들다 생각하지 않고 항상 '잘 될 거야'라고 자신을 다독거렸다. 모르는 것은 타부서 직원들에게 물어가면서 배우고 익혔다. 그렇게 1년 동안 잡지를 향한 그리움도 꾹 참고 열심히 일하며 실수도 많이 했다.

비록 적응에 힘겨운 시간을 보냈지만 결국 자신의 선택이 현명했음을 알았다. 힘든 만큼 새롭게 배운 것들도 많은 시기였고 자신이 만든 자식 같은 책 대여섯 권이 서점 진열대에 당당하게 올라 있는 것을 보면 한 달이 지나면 사라질 잡지와는 또 다른 보람을 느낀다고….

"제 신조 하나 공개할게요. 내가 좋아하는 일은 열심히 해서 꼭 1등 하자, 내가 좋아하지는 않지만 꼭 해야 하는 일이라면 최선을 다하고 책임을 지자, 내가 싫어하는 일이라도 욕먹을 짓 하지 말고 중간은 하자!!
그리고 긍정적으로 생각하며 현재에 충실하자! 많은 후배들에게 해주고
싶은 말이에요."

　'현재에 충실하자' 는 모토는 박현선의 하루 일과 속에서도 빛을 발한
다. 솔직히 출근해서 어정쩡하게 대화 나누고, 이메일 체크하면 금방 점
심시간이다. 하지만 박현선은 항상 근무시간에 집중적으로 일하는 습관
이 몸에 배어 있다. 그래서 업무시간 안에 '일' 을 처리하고 저녁 시간은
철저하게 자신의 '놀이' 를 위해 투자하는 것. 그 덕분에 항상 다양하고
톡톡 튀는 아이디어를 쏟아낼 수 있는 게 아닐까.
　현재에 충실할 것과 긍정적으로 생각할 것, 이 두 가지만 기억하고 노
력한다면 세상에 못할 일 없고 못 이룰 꿈은 없다는 게 박현선의 신념이
다. 이러한 신념이 서른이 넘어서도 새로운 일에 도전해 다시 한 번 열정
을 다할 수 있게 만든 그녀만의 저력인 것이다.

두드려라,
그러면
언젠간 열릴 것이다!

음반 레이블 매니저 | 배 인 재 *

1978년생. 대학에서 독문학을 전공했다. 어릴 적부터 음악을 좋아해 음반사에 취업하고 싶었으나 좀처럼 기회가 오지 않았다. 철저한 준비와 기다림 끝에 외국 음반사인 BMG코리아에 취업, 유니버설코리아를 거치며 3년 반 동안 열심히 일했다. 2005년 모든 것을 정리하여 더 넓은 세상을 경험하고 전문적인 음악 시장에 대한 지식을 쌓고자 뉴욕으로 떠나 '뮤직 비즈니스'를 공부한다. 학교를 다니면서도 방학을 이용하 미국, 일본, 한국을 오가며 다양한 뮤직 비즈니스에 열중하더니, 졸업 후 뉴욕에 머물며 음반 관련 일을 하고 있다.

두 드 려 라 , *
그 러 면
언 젠 간 열 릴 것 이 다 !

배.
인.
재.

음반 레이블 매니저

다시 취업 준비를 하라면 그때처럼 열정을 쏟을 수 없을 것 같다.
그만큼 간절했고, 나를 불러줄 때까지 기다리고 기다렸다.
그럴 수 있었던 것은 나 스스로 준비를 완벽하게 했다고 생각했고,
언젠간 될 것이라는 믿음이 있었기 때문이다.
지금 생각하면 막연한 믿음이었지만 결국 취업할 수 있었으니
여러분도 자신을 믿고 준비하며 열심히 취업의 문을 두드리자.
언젠간! 굳게 닫혀 무섭기만 했던 그 문이 열릴 것이다.

女 自 여 자 의 발 견

2005년, 한창 여름이 시작될 무렵 회사를 그만두고 한 달 뒤 뉴욕으로 떠난다는 배인재의 전화가 왔다. 3년 반 동안 음반사 일을 하면서 더욱 전문적인 공부의 필요성을 느꼈고 지금이 가장 적당한 시기인 것 같다는 설명. 새로운 시작을 축하하기 위해 송별회를 하기로 했다. 게다가 본 도서 기획의 핵심 인물이니 분주한 그녀를 붙잡아 이야기를 들어야 했다.

배인재와의 만남은 4년 전으로 거슬러 올라간다. 지금은 소니BMG로 바뀐 BMG코리아의 팝 마케팅 담당자로서 일처리도 명확했고, 음악에 대한 열정도 남달랐다. 비화지만 나도 한때 음악을 좋아해 음반사어 면접 봤던 경험이 있어 그녀를 통해 음반사의 이것저것을 알아가는 게 재밌기도 했다. 지금은 화려한 뉴욕의 사계절을 보내고, 다시 여름을 맞이하고 있을 그녀의 인생살이 이야기를 전한다. 누구보다 자신을 잘 알고 철저히 준비해서 꿈을 이룬 배인재, 자신의 위치에 만족하지 않고 먼 미래를 준비하러 떠난 그녀의 사기충천 이야기를 들어보자.

음악을 좋아하는 소녀, 음악이 목표가 되다

　배인재는 어린 시절부터 음악 듣는 것을 매우 좋아했다. 좋아만 했을 뿐 해당 분야에 어떤 직업이 있는지 생각해본 적은 없다. 대학을 다니며 어떤 일을 해야 할까 고민할 대도 라디오 PD나 음악 담당 기자 등 여러 가지 직업들을 생각했지만 취업을 위한 뾰죽한 수는 없었다. 취업 생각으로 머릿속이 복잡하던 어느 날, 외국의 C가수 내한 팬미팅에 뽑혀서 가게 되었는데 그곳에서 일하는 사람들을 보며 막연하게 저런 일은 어떤 사람들이 하는 걸까, 내가 좋아하는 아티스트들과 함께 일하는 저들은 누구일까 궁금했고 그들이 음반사 직원들인 것을 알았다. 그 때문에 음반사에서 일하는 것이 인생의 목표가 되었다. 어떤 직업들이 있을까 알아보기 위해 당시 PC통신의 '뮤직 비즈니스'라는 동호회에 가입했다.

"동호회에서 만난 친구들이 지금 음반 업계에 많이 몸담고 있을 정도로 그곳에서 정말 많은 걸 배웠어요. 동경하게 된 팝 아티스트 음반 관련 일은 직배사에 가야 할 수 있다는 것도 알았고 나중에 현업에 있는 사람들을 만나 스터디하며 확실하게 나도 '음반관련 일을 해야겠다' 마음먹었죠. 직배사 취업을 목표로 정보를 얻기 위해 외국가수들의 내한 팬미팅, 사인회에는 무조건 열심히 따라다니며 그들이 무슨 일을 하나 눈여겨봤어요. 열정도 체력도 만땅일 때니 정말 열심히 다녔죠."

그러던 중 즐겨 보는 음악잡지에 음반사 직원의 인터뷰가 실렸다. 신입은 거의 뽑지 않지만 이력서를 보내두면 필요할 때 부르기도 한다는 한 줄의 기사, 희망이 보였다. 그때가 대학 4학년 1학기였고 바로 이력서와 자기소개서 준비에 들어갔다. 수정하고 또 수정해서 패키지까지 예쁘게 완성하는 데 한 학기가 걸렸을 정도로 정성을 쏟았다. 경력자들과 경쟁해야 하는 서류이니 제대로 잘 써야 한다는 생각뿐이었다. 그렇게 몇 달이 걸린 서류를 다섯 개 메이저 음반사에 두 번씩 보냈다. 그러나 아무데서도 연락이 오지 않았다.

이력서를 준비하는 사이 취업 사이트를 즐겨찾기 해놓고 매일매일 체크했지만 음반사의 구인 소식은 일 년 동안 한 건도 없었다. 직배사를 목표로 한 후 영어는 필수이겠다 싶어 토익 공부도 열심히 해두었고 영국으로 어학연수 갔을 때 음반 가게 다니며 팜플릿도 열심히 모아놓고 공연도 많이 봤으니 그야말로 준비된 인재였다. '급하게 생각하지 말자, 언젠가는 연락이 올 거다, 그래 기다리자!' 결심했다. 그리고 그해 12월, 드디어 처음으로 면접을 보러오라는 연락을 받았다. 그곳이 배인재의 첫 직장인 BMG 코리아이다.

사람이 살아가는데 필요한 것이 무수한 만큼 세상에는 많은 직업이 있다. 그러나 '소비'의 주체였던 우리는 직업의 세계에 대해 얼마나 알고 있는가? 배인재는 어릴 적부터 좋아하던 음악 관련 일을 해야겠다고 마음먹고 가장 먼저 자신이 할 수 있는 음악 관련 직업에는 무엇이 있는지 알아보았다. 그녀 스스로도 너무나 많은 직업이 있어 놀랐을 정도다. 목표가 생긴 후 배인재는 인터넷 동호회 활동이나 소비자로서의 현장 참여를 통해 정보 수집을 해나갔다. 이렇듯 목표를 향해 다가가는 길을 스스로 찾아야 한다. 또한 목표로 삼은 분야가 함께 일하기를 원하는 사람이 되기 위해 부족한 부분을 채워가야 한다. 일에 대한 열정만큼 실무 능력과 정보를 갖추고 있어야 기회가 오면 잡을 수 있는 것.

면접, 나의 절박함을 보여주니 성공하더라!

경력자들과 경쟁해야 했던 첫 번째 면접은 워낙 사람을 잘 뽑지 않는 음반업계에서의 최후의 면접이 될지도 모를 일. 마음 졸이며 사회에 첫발을 들여놓기 위해 최선을 다해야 했다. 어릴 적부터 음악을 많이 듣고 레이블 이름과 프로듀서 이름까지 모두 잘 외우고 있던 터라 2차 면접까지는 수월했다. 최종 면접에 오른 사람은 모두 비슷한 능력을 가지고 있을 것이 분명했다. 그러나 배인재는 경력이 없었기에 불리한 상황, 열정과 애정을 표현하는 데 주력해서 3차 면접을 준비했다.

"경력자들과의 차이를 극복해야 했기 때문에 정말 절박했어요. 그래서 그동안 다녔던 행사 중에 BMG 것만 골라 나름대로 평가를 내리고 제안을 덧붙여 리포트를 준비하고 BMG 이벤트에서 주는 동그란 스티커가 있는데 그걸 옷에 붙이고 갔어요. 정말 절박했기에 스티커까지 생각했던 것 같아요. 그리고 2월 졸업과 함께 출근을 하게 되었답니다. 첫 출근한 날, 회사 사람들이 '오늘은 스티커 안 붙이고 왔네?' 라며 놀려서 얼마나 당황스럽던지…."

비단 경력자들과의 경쟁에서만 차별화가 필요한 것은 아니다. 똑같은 신입사원 채용이라 해도 일단 서류전형을 통과해 면접을 보게 된 경쟁자들 모두 기본적인 소양은 갖추었다는 것이니 동등한 수준일 것이다. 보통 면접은 이력서와 자기소개서 내용을 확인하는 것으로 시작해 인간 됨됨이와 성격 파악은 물론 회사와 일에 대한 열정과 애정 등을 판단하는 자리다. 배인재는 BMG 직원만큼 소속 아티스트에 대해 잘 알고 있고, 자신이 하게 될 일에 소비자로서 활발히 참여하며 평가와 제안까지 할 수 있는 수준이었으니 경력자와 다를 게 없었다. 결과적으로 최종 합격의 영광을 거머쥐었으니 경력자들보다 우수했다는 증거가 아니겠는가.

기회가 왔을 때 잡으려면 준비된 인재여야 한다. 뻔한 소리고, 많이 들어본 교과서적인 이야기지만 준비만이 살길임을 무시할 수 없다. 그리고 기회가 주어졌다면, 그동안 준비해온 모든 것을 최대한 효과적으로 어필해야 한다. 배인재의 절박했던 스티커처럼 말이다.

두 번의 직장생활, 내게 필요한 것을 알다

　취업을 하고 난 후 적응하는 데는 그리 오랜 시간이 걸리지 않았다. 워낙 음반사 일의 어려움을 많이 들었던 터라 예상했던 과도한 업무량, 밤샘 작업 등의 물리적 어려움이 있었을 뿐이다. 실제 일을 하면서 더욱 재미를 느꼈고, 이 일이 천직이라 확신할수록 그만큼 부족한 것이 많다는 지적 결핍도 함께 느꼈다. 입사 일 년쯤 되었을 때, 배인재는 뮤직 비즈니스에 대한 전문적인 지식의 필요성을 느꼈고 당장의 일에 연연하지 말고 더 먼 미래를 생각하며 공부하러 뉴욕으로 가자 결심하고 회사를 그만둔다. 학교도 알아보며 휴식할 때 배인재의 두 번째 회사인 유니버설 코리아에서 연락이 왔다.

　"당시로서는 가장 큰 회사였고 무엇보다 개인적으로 좋아하는 레이블(음반사, 기획사)과 뮤지션들을 가장 많이 보유하고 있었기 때문에 우혹을 느꼈죠. BMG가 멀티플레이어로 담당하는 레이블 소속 뮤지션들의 음반을 홍보, 마케팅까지 다 해야 하는 팝 마케팅 담당자였다면, 비슷하기는 하지만 유니버설이 좀더 레이블 매니저로서 전문적인 일을 할 수 있기에 유학을 잠시 미루게 되었어요. 레이블 매니저란 유니버설 본사나 유통 계약을 한 레이블에서 오는 음원을 듣고 국내에 출시할 음반을 골라 출시하고 홍보, 마케팅까지 하는 일이에요. 좀더 전문적이고 전반적인 레이블 관리를 배울 수 있기 때문에 좋은 기회였죠."

　배인재는 현장에서 배우는 지식의 폭을 넓히는 기회로 이직을 결심했다. 회사를 옮기는 것을 단순히 연봉을 올리는 기회가 아닌 좀더 책임이 주어지는 전문 업무의 확장과 자기 발전을 가져올 수 있는 기회로 삼았던 것. 취업 후 일을 배워가면서 어느 정도 업무를 파악하고 일이 손에 익으면 자신도 모르게 매너리즘에 빠지게 된다. '이 정도면 잘하고 있는 거야!'라는 자기만족에 빠지게 되면 회사에서도 그만큼의 일만 시키게 된다. 현재에 만족하지 않고 스스로 업그레이드시켜야 한다. 그래야 수직 상승 혹은 수평 확장의 기회도 오고, 세상이 원하는 인재가 돼가는 것이다.

　"제가 예전에 그랬던 것처럼 신입사원을 안 뽑는데도 이력서들이 많이 들어와요. 그래서 잘 두었다가 단기간이라도 사람이 필요할 때 채용을 하지요. 그런데 요즘 지원자들은 금세 나가버리곤 해요. 일에 대한 절박함을 가진 사람이 필요하다는 생각이 들어요. 정말 이 일이 아니면 안 되겠다는 생각으로 준비하고 도전해도 모자랄 판에 눈에 보이는 화려한 겉모습만 기대하는 거죠. 일은 일이에요. 멋진 앨범을 만들고 내한하는 스타들과 일하는 모습 이면에 얼마나 많은 사람들이 뒤에서 노력하고, 복잡하게 얽혀 일하는지 왜 생각하지 못할까요. 직업에 대한 환상을 버리고 현실을 직시하는 것, 그리고 끊임없이 노력하는 것만이 프로 세계에서 살아남을 수 있는 유일한 방법이라 생각해요."

　목표로 삼은 직업에 대해 얼마나 절박하게 원하는지, 자신을 먼저 돌아봐야 할 것이다. '한번 해볼까'가 아닌 '이것이 아니면 안 돼'라는 마음으로 도전하자. 그런 일을 찾기 위해 머리로만 생각하지 말고 직접 경험할 수 있는 현장을 찾는 것이 실패를 줄일 수 있는 방법이다. 또한 소비자일 때는 좋은 것만 골라 취하지만 '일'이 되고나면 더 이상 좋아하고 즐기는 입장이 아닌 '팔아야 할 사람'이 된다는 게 일을 쉽게 포기하는 원인이라고 배인재는 말한다. 나는 더 이상 소비자가 아니라 상품을 만들어 내고, 팔아야 하는 생산자라는 것을 빠르게 인식해야 한다.

더 나은 나를 원한다면, 미래에 투자할 것!

배인재는 일하는 중에도 언젠가 공부하기 위해 떠나야 한다는 생각은 늘 하고 있었다. 음반사에서 평생 일하겠다는 인생의 목표가 세워졌고 그러기 위해서는 부족한 부분을 채워야 하니까….

"레이블을 관리하다 보면 출시 앨범마다 다른 마케팅 플랜을 짜는 것이 가장 중요한데, 시간이 지날수록 아이디어가 고갈되어가는 느낌을 받았어요. 더 이상 안 되겠다 싶어 더 늦기 전에 넓은 세상에 나가 많이 보고 배우자고 결심했죠. 어떤 직종이든 직장 생활을 3년 이상 하게 되면 이 업계에서 더 일을 해야 할지, 업을 바꿔야 할지를 고민하게 되는 것 같아요. 친구들을 봐도 그렇고요. 저의 결론은 '계속 이 업계에 머물자'였죠. 그래서 미뤄두었던 '뮤직 비즈니스' 공부를 하기 위해 그동안 모아둔 돈을 투자하기로 했어요."

누구에게나 변화의 필요성을 느끼는 시기가 온다. 그 시기는 본인만이 알 수 있는 것. 처음과 달리 일이 재미없어질 수도 있고, 내 안의 모든 것을 소진했을 수도 있고, 배인재처럼 부족한 점을 발견해서 채워야 할 필요성을 느낄 수도 있다. 새롭게 시작하기에 나이는 걸림돌이 아니다. 대부분 변화의 필요성은 느끼지만 미래에 대한 불안감에 망설인다. 그러나 더 큰 것을 얻기 위해 현재의 것을 과감하게 버리는 용기도 필요하다.

매너리즘에 빠지고 아이디어가 고갈되어가고 있는 자신을 위한 처방전이 무엇인지 찾아 행동에 옮기자. 막연하게 변화와 발전에 대한 갈증만 있을 뿐 뚜렷한 결심이 서지 않는다면 선후배나 동료들의 경우를 참고해 보는 것도 좋다. 물론 떠나는 것만이 능사는 아니다. 현재의 상황을 유지하면서 충분히 변화를 꾀할 수도 있다. 새로운 취미 생활을 갖는 것, 새로운 언어를 배우는 것, 부서를 옮기는 것, 새로운 사람을 만날 수 있는 모임에 참여해 보는 것, 장기 휴가를 내는 것 등 방법은 골라잡기 나름이다.

"처음 취업 준비를 할 때 전공이 독문학이라 부모님은 교사가 되기를 원하시고 제가 하고 싶은 일에 대한 이해가 부족하셨기 때문에 약간의 갈등이 있었어요. 부모님들이 생각하는 직업의 폭은 아무것도 모르는 대학 초년생들과 별반 다르지 않을 거예요. 첫째로 부모님께 열심히 정보를 드리고, 다음엔 철저한 준비로 나를 만들어 가는 것이지요. 다시 취업하라면 그 시절처럼 열정을 쏟을 수 없을 것 같아요. 그만큼 간절했고 나를 불러줄 때까지 기다리고 기다렸습니다. 그렇게 취업의 문이 열리기를 기다릴 수 있었던 것은 저 스스로 준비를 완벽하게 했고 언젠간 될 것이라는 믿음이 있었기 때문이에요. 지금 생각하면 막연한 믿음이었지만 결국 취업할 수 있었으니 여러분도 준비하며 자신을 믿고 열심히 취업의 문을 두드리세요. 언젠간! 굳게 닫혀 무섭기만 했던 그 문이 열릴 거예요."

취업의 문을 뚫기가 어렵다 어렵다 해도 배인재처럼 절실함을 가지고 그 분야에 맞는 인재가 되기 위해 철두철미하게 준비하고, 취업의 문을 두드리고, 기다리면 언젠가는 열릴 것이다. 카메라를 향해 이 책을 읽을 독자들을 향해 포즈를 취해보라 했더니 대뜸 손가락에 힘을 주어 허공을 가른다. '당신도 할 수 있어!' 라는 뜻이라고…. 배인재의 손끝으로 전해지는 에너지가 느껴지는가?

마음
'독하게' 먹으면
못할 것은 없다

*

방송 구성작가 | 이 명 옥

1976년생. 대학에서 신문방송학 전공. 초등학교 학급신문 만들기, 중·고등학교 신문반 등을 거치며 잡지사 기자를 꿈꿨다. 그러나 한 잡지사에서 인턴을 하며 기자들을 보니 '저건 못 하겠다' 싶어 도망친다. 광고를 하자 마음먹고 여기저기 면접을 봤으나 잘 안 풀리고, 대학 조교 생활로 시간을 번 후 방송아카데미에 들어가 구성작가 과정 수료한다. 〈VJ특공대〉 막내 작가를 시작으로 〈무한지대Q〉, 〈긴급출동 SOS〉 등을 거친 후 여타 프로그램의 메인 작가로 활동 중이다. 중간에 잠깐 여행사에서 여행상품 기획일을 해보려 했으나 천성이 방송작가인 것을 깨닫고 다시 방송으로 컴백했다.

마음 *****
'독 하 게' 먹 으 면
못 할 것 은 없 다

이.
명.
옥.

방송 구성작가

처음 작가가 되어 들은 말은 '지가 지 팔자 망친다는 데 어떻게 말려!'였다.
자신들도 아직 작가일을 하면서 왜 그런 말을 하는지 이상했지만
이제야 선배들이 했던 그 말의 뜻을 알 것 같다.
솔직히 누군가 구성작가가 되겠다고 하면 말리고 싶다.
개인 생활이 거의 없는 정말 힘든 일이다.
그래도 좋다면 정말 '독하게' 열심히 해야 한다.

女目 여 자 의 발 견

방송작가 이명옥을 만나려면 약간의 인내심이 필요하다. 워낙 바쁘기도 하지만 스케줄이 언제 바뀔지 모르기 때문에 늘 휴대폰에 신경을 쓰고 있어야 한다. 인터뷰하던 날도 쉬는 날이라 했는데, 갑자기 파주에 섭외를 가야 해서 약속 시간을 바꾸기도 했다. 접선이 쉽지는 않아도 마주 앉은 그녀가 들려주는 취재나 섭외 등 방송 비하인드 스토리는 늘 다음 이야기를 기대케 한다. 또한 그녀의 치열한 현장 이야기를 듣고 있으면 나의 생활을 돌이켜보게 된다. 그렇게 이명옥은 주변 사람들에게 자극제 역할을 톡톡히 하고 있다.

고되기로 둘째가라면 서러운 것이 방송작가 일이다. 허드렛일부터 시작해 메인 작가가 될 때까지 오랜 기간 고행의 길을 걸어야 하는 것으로 알려져 있다. 잡지기자들 중에도 방송작가 일을 하다가 도저히 견딜 수 없어 잡지로 꿈을 바꾼 경우를 여럿 보았다. 그들의 이야기만 들어보아도 분명 그 세계는 보통의 각오 없이는 성장도 성공도 하기 힘들어 보였다. 그러나 이명옥은 많은 작가들 중에서도 빠르게 성장한 편이고 이미 메인 작가로 인정받고 있다. 분명 숨은 비결은 있을 터. '치열하다' 고 밖에는 표현할 길이 없는 이명옥의 작가 생활 이야기, 그 속에서 그녀만의 비결을 찾아보자.

누구에게나 알 수 없는 시절은 있다

"방송일을 하고 있는 지금 생각해보면 어릴 적부터 이 길이 내 길임을 이미 알고 있었는지도 모르겠어요. 어쩌다보니 초등학교 시절 학급 신문을 만드는 것을 시작으로 그저 재밌어서 고등학교 때까지 학교 신문 만드는 일을 해왔고, 전공으로 신문방송학을 공부했으니 말이죠. 그러나 취업을 준비할 당시에는 막막했어요. 어떤 것이 나에게 맞는 직업인지 좀처럼 알 수가 없는 시절이었죠. 그래서 여기저기 기웃거렸고요. 그런 방황기가 있기에 지금의 제가 있는 거겠죠. 그런 걸 보면 방황도 나쁘지만은 않은 것 같아요."

이명옥이 첫 번째로 기웃거린 곳은 잡지사였다. 잡지기자가 되어볼까 하고 유명 잡지사 인턴십에 지원해 어시스트 역할을 몇 달 하면서 기자들을 지켜보니 '저건 못 하겠다' 싶어 중간에 도망치고 말았다. 그리고 대학을 졸업했다. 뭘 하지? 전공 공부를 하며 흥미를 느꼈던 광고일을 해볼까 하고 여기저기 면접을 봤지만 '술 잘 마셔요?' 하면 '아니요, 못마셔요' 하는 식의 질문들이 오가고, 면접에 떨어지고, 취업에 실패하고…. '이 일은 술 못 마시는 내겐 안 맞는구나' 결론 내리고 다른 일을 찾아야 했다.

취업 준비 시간을 벌기 위해 일단 학교에서 조교일을 시작했다. 6개월간의 조교일이 끝나갈 때쯤 우연히 신문에서 방송아카데미 모집 광고를 봤다. '그래, 여기다' 싶었는데 어떤 과정을 들어야 할지 고민이었다. 주변 사람들에게 물어보기 시작했다. 눈빛만 봐도 다 아는 단짝 친구 왈 '글을 쓰는 게 좋겠어. 너랑 어울려', 당시 남자친구 왈 '네가 보낸 편지를 읽으면 너의 마음이 가슴 속까지 전달돼. 그러니 작가를 해봐'. 본인은 전혀 생각 못한 반응이었다. 내가 모르는 나, 친한 사람들의 판단을 믿어보기로 하고 구성작가 과정에 등록했다.

지나고 나면 '그랬구나' 알게 되는 것을 그때도 알았더라면 얼마나 좋을까. 누구나 이런 시행착오를 겪으며 알아간다. 잡지사와 광고판을 기웃거렸지만 연이 닿지 않았고, 가까운 사람들의 조언으로 택한 구성작가의 길, 방송아카데미를 다니며 '내게 맞는 일일지도 모른다'는 희망을 발견했고 방송작가로서 취업할 수 있는 업계 진입의 기회를 얻었다. 나도 모르는 나의 모습을 가까운 이들이 더욱 정확히 볼 때가 있다. 아무리 고민해도 답이 안 나올 때는 그들의 이야기에 귀 기울여보자. 때로는 이야기하는 것만으로도 답이 나올 때도 있으니 고민을 세상 밖에 내놓는 것도 필요하다.

훌륭한 사수, '독종' 방승작가를 알아보다

이명옥은 방송아카데미를 수료하자마자 바로 〈VJ특공대〉 막내 작가로 들어갔다. 당시 새로 시작하는 프로그램이자 그녀의 첫 번째 프로그램이었다. 메인 작가가 되기 위해서는 반드시 누군가의 막내 작가 시절을 거쳐야 한다. 어느 분야든 막내라면 허드렛일을 도맡아야 하는 것은 당연지사. 메인 작가의 어시스트로서 막내 작가는 섭외, 자료 찾기, 아이템 구상 등 보조적인 일을 주로 한다. 열심히 전화 돌리고 자료 찾으며, 어깨 너머로 일을 배우는 것. 많은 작가들이 이런 과정을 견디지 못해 중도에 포기하는 경우도 많다고 한다.

그런데 이명옥의 첫 사수이자 〈인간극장〉 등 휴먼 스토리의 최고 작가인 한지원 작가는 다른 메인 작가들과 달리 그녀를 옆에 앉혀놓고 가르쳤다. 연습 원고 써오라고 해서 빨간펜 선생님이 되어 하나하나 체크하며 가르쳐주었다. 그렇게 배운 것이 소문나 빨리 입봉할 수 있었고 이름도 모르는 다른 작가들까지 함께 일하자며 이명옥을 불렀다. 운이 좋았던 걸까, 그녀를 알아본 걸까?

"함께 일을 시작한 다른 작가들은 우려했던 대로 하나둘 그만두기 시작했는데, 저는 특혜를 받고 있다는 생각이 들었어요. 제 얼굴이 편하게 생긴 것도 아니고 말투가 상냥하지도 않은데 왜 나를 예뻐했는지, 지금도 미스테리예요. 게다가 한지원 선생님이 처음 제 외모를 보고 '어떻게 재랑 일해?' 하셨을 정도로 겉모습을 화려하게 치장하던 시절이었거든요. 모르죠, 그런 외모에 반하셨을지도. 하하하….

그렇게 9개월 정도 일하는데, 아침 방송에서 리포터들이 읽는 원고를 써주는 정식 작가로 입봉하게 되었다. 보통 짧게는 1년, 길게는 2년까지 막내 시절을 보내야 하는 구성작가계에서는 모두가 놀란 엄청 빠른 입봉이었다.

"9개월 만에 입봉한 건 '사건'이나 다름없기 때문에 선배들을 잘 만났다고 밖에는 설명할 수 없어요. 그 후 파일럿 방송으로 〈이성미의 냉장고를 열어라〉를 만들었는데 반응이 좋아 본 방송이 되었어요. 좀더 다양한 글을 쓸 수 있는 프로그램이었고 재미있었지만 연예인 섭외가 어렵고 힘들어서 결국 다시 〈VJ특공대〉로 돌아갔죠. 〈VJ특공대〉는 막내 작가로 시작해 메인 작가가 된 고향 같은 프로그램이라 아직도 특별한 애정을 느끼고 있어요."

남들보다 빨리 입봉하기는 했지만 그렇다고 마냥 즐겁기만 한 것은 아니었다. 메인 작가로 1년쯤 일했을 때 너무 빨리 입봉한 탓에 잘하고 있는 건지도 모르겠고, 그러다보니 불안해지고, 과도한 업무로 몸도 지치기 시작했다. 급기야는 작가일을 계속 해야 하나 말아야 하나라는 고민으로 자꾸만 눈물이 흘렀다. 그때에도 한지원 작가는 큰 힘이 되었다.

"선생님은 10년차인데 작가가 안 맞는 직업이라는 생각을 해 본 적 있으세요? 라고 물었죠. 그랬더니 웃으시며 '글쎄, 다른 건 몰라도 2년 정도 일한 아이들을 보면 저 아이는 되겠다, 저 아이는 안 되겠다는 건 보여. 너는 좋은 작가가 될 거야'라고 하시더군요. 그 말이 사실인지, 아니면 힘든 제게 용기를 주려고 하신 말씀인지는 몰라도 어쨌든 그때 용기를 얻었어요. 내 자신에게 의문이 드는 만큼 오기가 생겼고 '한번 해 보자!' 마음먹고 더욱 독하게 일하기 시작했죠."

본인도 몰랐던 '독기'에 다시 한 번 놀랐던 때다. 내일이 시험이어도 공부는 안하면 그만이라고 생각하며 살아왔는데, 자료 찾기 위해 밤을 새고 원고를 쓰고 또 쓰며 정말 독하게 일했다. 덕분에 '독하다'는 소리를 징하게 들었지만 그만큼 PD들에게 신뢰를 얻을 수 있었다. '독해져야겠다'고 결심한 데는 많은 이유들이 있었다. 방송작가계는 학연, 지연에 얽매인 인맥이 강하다. 그런 면에서 이명옥은 철저하게 혼자였고, 처음엔 운이 좋아 좋은 선생님 아래서 배웠지만 입봉 후부터는 개편 때마다 살아남기 위해 철저하게 독해져야 했다. 게다가 성격도 강해서 '싸가지 없다'는 소리를 많이 들었기 때문에 독하게 일해서 '일 잘한다'는 소리를 듣는 길밖에는 혼자서 헤쳐 나갈 방법이 없었다고…. 일에 적응해가며 성격이 많이 순해졌다지만, '독기'는 그녀의 생존 전략이었던 것이다.

섭외의 귀재, 대한민국에 안되는 게 어딨니?

이명옥은 〈VJ특공대〉팀에 복귀하면서 일반인 섭외에 재능이 있다는 것을 알았다. 자신도 몰랐던 끈기에 스스로 놀라기도 했다고. 한 번은 '서민갑부'를 섭외해야 하는데 어디서부터 시작해야 할지 갑갑하기만 했다. 일단 종로로 나갔다. 여기저기 쑤시고 다니니 서울극장 근처 오징어 아줌마와 손가락 김밥 아줌마, 낙원상가 근처의 설렁탕 아줌마가 한 달에 천만 원 넘게 번다는 것을 알아냈다. 작가 신분을 밝히고 섭외했더니 아줌마들은 모두 거절 분위기, 요즘 돈 얼마 번다는 거 알리고 싶지도 않고 돈 벌어야 하는데 귀찮다는 것이다.

"이해는 가지만 저는 무슨 일이 있어도 섭외를 해야 하는 입장이잖아요. 일단 손가락 김밥 아줌마 옆에 앉아 함께 김밥을 말았죠. 가라고 내쫓았지만 다시 앉아 김밥을 말았어요. 일 주일쯤 지나니 분업이 착착 이루어져 아줌마가 김에 밥 깔면 저는 속을 채우며 손발이 맞기 시작하더군요. 그리고 드디어 아줌마의 한마디! '언제 촬영 올 거야?' 눈물이 앞을 가리더군요."

낙원상가 근처의 설렁탕 아줌마는 더 높은 벽이었다. 자그마한 점포에 사람들이 줄서서 먹는 곳이니 대화 자체가 불가능했다. 그래서 일단 팔 걷어붙이고 국물을 우릴 소뼈들의 핏물 빼는 것부터 시작했다. 한겨울에 밖에서 찬물에 손 담그고 하루에 몇 시간씩 핏물 다 빠지도록 씻어 뜨거운 물에 넣으면 얼었던 손가락이 뜨거운 물에 데여 벌개지기를 한 달, 드디어 설렁탕 아줌마는 방송 취재를 허락하시며 혹하는 한마디를 날렸다. '일 잘한다, 작가는 뭐하러 하냐, 와서 그거나 해라. 한 달에 3백 줄게!' 그녀, 3백 만 원이라는 말에 잠시 흔들렸지만 손가락 남아날 날이 없을 것 같아 정중하게 거절했다고.

"이런 재미가 저에게 끝없는 '끈기'를 만들어주는 것 같아요. 대부분 다른 작가들은 어려워 꺼리는 일이지만 저는 거리로 나가는 게 좋아요. 〈VJ특공대〉도 그렇지만 지금 하고 있는 〈무한지대Q〉도 특이한 일반인들을 찾아내 섭외해야 하는 일이 많아요. 그러나 아무리 힘들어도 그들을 만나러 가는 길이 즐겁답니다. 서민들의 삶, 그 안에 숨겨진 재밌는 이야기를 발견해 시청자들에게 전해주는 것도 뿌듯하고요."

　구성작가는 기획, 구성, 글쓰기 모두 잘해야 하지만 특히 섭외를 잘해야 한다. 방송에 내보낼 만한 사람과 장소를 찾는 것이 능력의 반이라 할 수 있다. 그 수많은 일반인 중에서 특이한 사람을 찾아내는 데 이명옥만큼 '끈기'를 발휘할 수 있을까? 구성작가 이명옥이 인정받는 이유는 이것만으로도 충분하다. 그녀의 방송을 볼 때마다 '저런 사람은 어디서 찾았을까' 놀란 적이 한두 번이 아니다.

　세상 모든 일에 끈기가 필요하다. 끈기를 발휘해보기도 전에 안 되는 이유들만 생각하고, 상황을 합리화하며 그 일을 피해갈 변명만 찾아내고 있지는 않은지 뒤돌아보자. 쉬운 일이 어디 있겠는가. 끈기 있게 도전하다보면 성공이라는 달콤한 보상을 받게 될 것이다.

사회생활 10년차, 또 다른 삶을 생각하다

　미친 듯이 열심히 달리다보니 어느새 스물일곱 살이 되었다는 이명옥. 문득 너무 앞만 보고 달렸다는 생각이 들어 그동안 수고한 자신에게 딱 3개월만 휴식을 선물하기로 했다. 구성작가는 대부분 프로그램 들어갈 때 투입되는 프리랜서 스태프이기 때문에 쉬고 싶을 때 쉴 수 있다는 것이 장점이다. 그래서 매너리즘이나 슬럼프에 대처하기에도 쉽다. 물론 다시 일을 시작할 수 있을가 하는 불안감과 함께해야 하지만! 3개월간 푹 쉬고 이명옥이 컴백한 프로그램은 〈유오성의 백만불 미스터리〉였다. 워낙 좋아하는 분야라 선뜻 응했고 아이템 찾는 것도 좋았지만 관련 책과 논문을 읽으며 공부하는 것도 매력이었다고.

컴백해 1년쯤 뛰었을까, 예전에 함께 일했던 PD가 여행사를 차렸는데 함께 일해보지 않겠냐고 했다. 지쳐있던 그녀는 왠지 모르게 끌려서 여행상품 기획 일을 하게 된다. 딱 두 달간의 외도, '내가 지금 뭘 하고 있지' 자각하는 순간 다행히 다시 방송에서 불러주어 〈무한지대Q〉 팀에 합류했다. 그녀의 전문 분야인 서민들을 만나는 일이라 현재까지 즐겁게 일하고 있다고. 구성작가라는 직업은 일단 일이 시작되면 쉴 틈 없고 절대 펑크란 없기 때문에 한 주 방송이 끝날 때까지 늘 긴장의 연속이고, 그만큼 스트레스에 시달릴 텐데, 결국 다시 돌아가는 것을 보면 이명옥은 천생 구성작가가 아닐까?

작가가 된 후 일만 하다 보니 그녀의 삶 전체가 달라졌다. 잠을 못자는 것도 괜찮고, 스트레스 해소용으로 인터넷 쇼핑 '지름신' 이 강림하는 것도 다 좋은데 바쁜 탓에 남자친구 사귈 시간이 없는 것과 친구들이 하나둘 떨어져 나가는 것을 볼 때 마음이 아프다는 그녀. 그래도 그간 자료들을 정리해놓은 파일들과 선배들의 원고를 모아놓은 파일들을 볼 때 열심히 일해 온 자신이 대견하다고…. 잃고 얻고, 얻고 잃고, 그렇게 가는 게 인생인가 보다.

"솔직히 아직도 방송이 내게 맞는 일인지 잘 모르겠어요. 그냥 잘할 자신이 있었고 재미있고 '잘 한다' 는 소리를 듣고 있고, 무엇보다 힘들게 성취했기 때문에 놓을 수가 없어요. 잡지사와 여행사 빼고는 다른 일은 해보지 않아서 다른 직업 중에 내게 맞는 어떤 일이 있는지도 잘 모르고요. 그래서 일단 작가일로 35세까지는 달려볼 생각이에요. 그때가 딱 10년이 되는 해거든요. 한 분야에서 전문가가 되려면 10년은 일해야 한다는 연구결과가 있잖아요. 그때 가서 저의 첫 스승인 한지원 선생님처럼 알아주는 작가가 못된다면 전업을 생각해봐야죠."

구성작가 대부분이 드라마나 시나리오 작가로 옮겨가지만 이명옥은 구성작가라는 타이틀이 좋다. 그냥 다른 일을 해야 한다면 예쁜 카페를 운영해보고 싶다지만 아무래도 오랫동안 방송계에 남아 있을 것 같다. 이 일을 하며 가장 뿌듯한 순간으로 '남들이 뭐라 하든 내 마음에 쏙 들게 에필로그 써냈을 때'를 꼽는 것을 보면 말이다. 멋진 선배로서 어딘가에서 울고 있을 후배 작가의 등을 토닥거리며 '넌 좋은 작가가 될 거야'라고 말해주고 있을 이명옥의 미래가 그려진다.

"솔직히 누군가 구성작가가 되겠다고 하면 도시락 싸들고 다니며 말리고 싶어요. 정말 힘든 일이에요. 개인 생활이 거의 없다고 봐야 해요. 그래도 좋다면 정말 '독하게' 열심히 하세요. 그리고 가능한 한 어릴 때 시작하세요. 작가들이 막내 작가가 자신보다 나이가 많으면 일시키는 것이 불편해 대부분 어린 사람을 뽑거든요. 기업이나 조직이 아닌 사람에 속해 일하는 것이 유일한 등용문이기 때문에 작가 개인의 선택에 따라야 해요. 처음 이 바닥에 들어와 들은 이야기가 '지가 지 팔자 망친다는 데 어떻게 말려!'였어요. 무슨 말인지, 자신들도 아직 작가일을 하면서 왜 그런 말들을 하는지 이상했지요. 그런데 이제야 선배들이 했던 말들을 알 것 같아요. 그러니 일단 구성작가가 되고 싶다면 독한 사람이 되세요. 그래야 힘든 과정을 견딜 수 있답니다."

독한 맘먹고 일하다보니, 그녀도 모르게 생긴 습관은 수집된 정보들을 정리하고 메모하는 것과 스케줄을 꼼꼼히 짜는 것이라고 한다. 정보 과잉 시대에 모든 것을 꼼꼼히 기록하며 내 것으로 만들다보면 어느새 큰 재산이 될 것이고 '시테크'라는 말도 있듯 시간 관리를 효율적으로 하면 그만큼 능률이 오를 것은 당연하다. 작은 습관 하나라도 이미 앞선 선배들의 것을 배워보자. 독하게!!

청춘,
가진 것 없으니
잃을 것도 없다

홍보대행사 유스컴 CEO ┃ **이 수 연** *

1978년생. 잡지기자로 일하던 중 홍보대행사에 스카우트되어 전직,
몸과 마음을 바쳐 일하다가 전직 1년 만에 건강 악화로 본의 아니게 쉬
면서 창업을 결심한다. 지난 2004년 9월, 스물여섯의 나이에 1인 기업
홍보대행사 유스컴 오픈, 창업 1년 만에 직원이 다섯 명으로 늘어날 만
큼 일이 많아졌지만 동년배 직원들과 좌충우돌하며 경영수업 중이다.
레크리에이션 강사 자격증을 소지한 펀fun 매니저, 유스컴 홍보 실장,
유스컴 CEO 등 상황에 따라 내밀 세 가지 명함을 가지고 다니며 오늘
도 열심히 뛰고 있다.

청춘, *

가 진 것 없 으 니

잃 을 것 도 없 다

이.

수.

연.

홍보대행사 유스컴 CEO

밤 12시 전에 퇴근한 적이 없었다. 그렇게 몇 년을 일하고 나니
건강은 최악으로 나빠졌고 의도치 않은 휴식 시간을 갖게 되었다.
쉬면서도 앞으로 무엇을 할 것인가로 고민했다.
그때, 창업을 해보라는 권유를 받았고 가진 것 없으니 잃을 것도 없다는
생각에 청춘을 걸고 '한번 해 보자'고 결심했다.

女自 여 자 의 발 견

홍보대행사 유스커뮤니케이션 대표 이수연. 한 회사의 대표로서 직원들을 이끌기에 어리다면 어린 나이, 스물여섯에 창업을 했다고 연락이 왔다. 한국 사회에서 게다가 여자가 사업하기란 얼마나 어려운 일인가. 그렇지만 걱정보다는 진심으로 그녀를 격려할 수 있었던 것은 '이수연이라면 해낼 것'이라는 확신이 들었기 때문이다. 5년 전 프리랜서 기자였던 그때나 지금이나 늘 에너제틱한 그녀기에, 또래 친구들과는 달리 인생의 목표가 확실했던 그녀기에 말이다.

이수연은 대학시절부터 주변의 친구들과는 달리 자신의 꿈에 대한 확실한 계획을 세우고 그 꿈을 이루기 위해 노력했다고 한다. 첫 번째 꿈, 잡지기자가 되기 위해 대학 4학년 때부터 1년여 노력 끝에 기자가 되었고, 홍보인이라는 두 번째 길에서 예상치 못한 시련을 겪으며 위기를 기회 삼아 재도약하는 법을 배웠고, 월세 50만 원 내는 임대 사무실을 빌려 일인 기업 홍보대행사를 오픈해 세 번째 꿈을 펼쳤다. 어느새 회사는 직원 다섯명의 규모 있는 홍보대행사가 되었다. 스물아홉 살의 CEO 이수연, 그녀의 삶의 여정속에서 내 인생의 계획은 무엇인지 가늠해봐도 좋겠다.

첫 꿈과 마지막 꿈을 결정하면 이미 반은 성공!

대학교 내내 졸업 후 취업에 대해 생각하면서 한 가지 마음에 품고 있었던 것은 '인생의 첫 꿈과 마지막 꿈만 생각하라'는 한 선배의 말이었다. 새로운 인생의 시작이 될 첫 직업과 인생의 마지막을 장식할 직업의 대한 중요성을 각인시켜주었다. 이수연은 첫 꿈에 대해 생각했다. 활동적이고 사람 만나는 것을 좋아하는 자신이 가장 잘할 수 있는 일은? 두루 리서치한 끝에 '잡지기자'로 결론지었다. 그리고 마지막엔 무엇을 이루고 싶은가? 차분히 마음의 소리에 귀 기울이니 '대학 강단에 서자'라고 말하고 있었다. 평소 사람들 앞에서 이야기하는 것을 좋아하는지라 생각만 해도 가슴 떨리는 일이라고. 어떤 과목의 교수가 될지는 모른다. 나이 마흔쯤 되면 무언가 전문성을 갖추고 있을 테니 그때 가서 결정해도 늦지 않을 일. 그저 도전해야 할 '교수'라는 최종 목표를 정한 것이 중요했다. 이제 그 꿈을 생각하며 중간 과정을 채워가면 된다.

"'졸업하면 그냥 뭐, 공무원 시험이나 볼까?'라고 말하는 아이들이 정말 답답했어요. 그래서 친구들을 닦달하고 내가 가진 꿈에 대해 떠들어대곤 했죠. 잡지기자가 되겠다고 마음먹고 K기자아카데미에 다니며 실무도 배우고, 잡지계 인맥도 만들었죠. 제 스스로의 노력을 통해 잡지계에 첫 발을 들여놓을 수 있어 행복했어요."

현재의 나를 파악하고 꿈을 이루기도 벅찬데 인생의 마지막 직업까지 생각할 여유가 있을까 싶지만, 먼 훗날의 모습을 상상하는 것만으로도 현재에 자극이 될 것이다. 너무나 하고 싶은 일이지만 지금 당장 시작하기에는 무리인 일, 더 많은 사회 경험이 필요하고 중년이 되었을 때 내 모습을 떠올리며 막연하게 '이런 모습이었으면 좋겠다'는 생각이 든다면 그것이 바로 마지막 꿈이 될 수 있다. 그리고 꿈이 결정되면 망설일 시간은 없다. 아카데미에 등록한 이수연처럼 그 꿈을 이루기 위한 첫 행동을 개시하면 이미 꿈의 반을 이룬 것.

닥치는 대로 무조건 세상을 경험하라

이수연은 잡지기자가 되고 싶었지만 아무것도 아는 것이 없었다. 기자아카데미를 다니면서 잡지의 종류, 잡지가 만들어지는 과정을 알았고 어떤 방식으로 기자가 되는지도 알았다. 아카데미 수료 후 캠퍼스지 기자 생활을 1년 정도 했지만 취재 범위가 한정되어 있어 만족할 수 없었다. 회사를 그만두고 여성지에서 프리랜서로 일하게 되면서 여성지라는 잡지의 또 다른 세계를 만나게 된다.

"지금 생각해보니 친구들이 공무원이나 교사 등 안정적인 직업을 선호했던 건 두려움 때문이었던 것 같아요. 세상엔 너무나 많은 직업이 있는데, 뭘 알아야 하고 싶은 일도 생길 것 아니겠어요. 저도 미리 준비했다고 생각했는데 직접 일을 해 보면서 알게 된 것들이 너무나 많아요. 아카데미에서 이야기로만 들었던 것과 실제 그 세계에서 일하며 체득하는 것은 너무나 달랐어요. 잡지에 그렇게 다양한 분야가 있고, 또 매체마다 레벨이 다르다는 것도 몰랐거든요. 그러니 직·간접적으로 많은 경험을 하는 것이 대학시절 가장 필요하다고 생각해요. 20대 초반은 많은 경험을 쌓고, 공부하며 나를 찾아가는 시간입니다. 당장 아르바이트로 아무거나 닥치는대로 하라고 말하고 싶어요."

이수연은 여성지에서 프리랜서로 일하면서 다양한 사람들을 알게 되고, 다양한 분야의 지식을 터득해가는 것도 좋았지만 무엇보다 선배 기자들을 비롯해 좋은 사람들을 많이 만난 것이 최고의 수확이라 말한다. 일년 정도 프리랜서로 열심히 일하다 보니 드디어 이수연에게 기회가 왔다. 창간하는 잡지에서 스카우트 제의가 온 것이다.

자신이 무엇을 하고 싶은지도 알아야 하지만 하고 싶은 분야에서 어떻게 업무가 이루어지는지도 알아야 한다. 아르바이트를 통해 많은 직종을 경험하면서 자신에게 맞는 직종을 찾을 수도 있다. 무엇을 해야 할지 모르겠다면 일단 이수연의 조언대로 아무거나 시작해보자. 모든 경험은 나중에 그 일을 하지 않더라도 도움이 된다. 그리고 '아니다' 라는 생각이 들면 다시 시작하면 된다. 두려움은 모르기 때문에 생기는 것이다. 용기를 내서 세상을 경험하고 알아가야 두려움도 사라지게 된다.

위 기 를 기 회 로 전 환 하 는 법 을 배 우 다

이수연은 꿈꾸던 패션지의 기자가 되었지만 6개월 만에 잡지가 폐간되고 만다. 그 어느 때보다 열심히 일했지만 잡지시장의 불황으로 인해 다시 프리랜서가 되었고, 어느 날인가 선배들과의 술자리에서 생각지도 못한 인생의 전환점을 맞이하게 된다. 같은 자리에 있던 홍보회사 간부 한 명이 '홍보 하면 잘 하겠다' 며 스카우트했던 것. 함께 있던 선배들도 '잘 하겠다' 고 격려했고 마케팅 시대, 홍보인으로 멋진 제2의 인생을 시작하자 결심한다. 기자 경력 덕분에 언론에 대해 잘 파악하고 있고, 기본적인 기획력과 글쓰기, 진행 능력까지 갖춘데다 워낙 인맥도 좋았으니 홍보인이라는 새로운 꿈에 도전할 수 있었던 것이다.

"위기가 기회가 될 수도 있다는 생각이 들었어요. 처음에는 홍보의 세계에 대해 잘 몰랐지만 기자에서 홍보로 입장이 바뀌고 보니 새로운 세상이 보이더군요. 기자들에 대해 잘 알다보니 편하고 당당하게 대할 수 있었고 신문사, 주간지, 잡지 등 모든 언론 매체의 시스템을 잘 파악하고 있어 그만큼 실적도 좋았어요. 새로운 직업으로 바꾼 후 일 년 정도 단 하루도 밤 12시 이전에 퇴근한 적이 없을 정도로 열심히 일했어요. 마치 처음부터 홍보인이었던 것처럼 열정을 다하고 싶더라고요. 기자일을 하지 않았다면 홍보의 세계도 몰랐겠죠. 고속도로를 달리다 자연스럽게 차선을 바꿔 탄 기분이랄까. 그런데 너무 열심히 달렸나 봐요. 일 년만에 건강이 심각하게 나빠졌어요. 이제 막 승진해서 더 열심히 치고 올라갈 때인데, 몸이 말을 안 듣다니 너무 억울했지요."

쉬는 것밖에는 선택의 여지가 없었다. 또 다시 위기가 찾아온 것이다. 회사를 그만 두고 건강을 되찾기 위해 일단 아무 생각 없이 푹 쉬기로 하고, 양손에 한약을 들고 고향으로 내려갔다. 어머니가 해주는 밥 먹으며 사회생활 4년만의 첫 휴식을 만끽하며 쉬고 있는데, 한 달쯤 지나니 슬슬 움직이고 싶어졌다. 그래서 대학 때 따두었던 레크리에이션 강사 자격증을 가지고 아르바이트를 하고, 그 동안 못 읽었던 책을 읽으며 시간을 보냈다. 그때 제2의 위기를 헤쳐 갈 방법을 만나게 된다.

"솔직히 쉬면서도 정말 고민이었어요. 앞으로 무엇을 해야 할지 막막하더라고요. 자기계발서와 성공서들을 닥치는 대로 읽었는데, 읽다보니 제 자신이 너무 부족한 게 많은 거예요. 앞으로의 일이 걱정이었죠. 그런데 남자친구가 창업을 하라는 조언을 하더군요. 처음에는 '말도 안 된다, 내가 어떻게 회사를 차리냐, 가진 게 하나도 없는데' 라며 웃었어요. 그랬더니 '못할 건 또 뭐냐, 홍보는 전화랑 컴퓨터만 있으면 되지 않냐, 가진 게 없으니 잃을 것도 없다, 다른 사람은 몰라도 넌 할 수 있다' 고 하더라고요. 친구들에게도 물으니 비슷한 대답들이었고요. 갑자기 책에서 읽은 격언들이 떠오르면서 정말 해낼 수 있겠다 싶었어요."

'가진 게 없으니 잃을 것도 없다' 는 말이 이수연에게 용기를 주었다. 그렇게 두 번째로 찾아온 위기를 창업의 기회로 삼고 준비에 들어갔다. 3개월 동안 창업에 대해 공부하며 계획을 세우고 2004년 9월에 본격적으로 일을 시작했다. 사무실을 알아보러 다니며 소규모 회사를 위한 임대 오피스텔이 있다는 것도 처음 알았을 정도로 모든 것을 배워가며 시작했다. 복사기와 회의실은 함께 쓸 수 있고 책상과 의자가 다섯 개씩 있는 사무실은 보증금 없이 월세 계약이 가능해, 월세는 그 달 그 달 벌어서 내자고 생각하고 사무실부터 얻었다. 총 창업비용 50만 원, 실패해도 잃을 것은 50만 원뿐이었다. 창업하며 이수연에게는 새로운 꿈이 생겼다. '1년 안에 회사를 키워 사무실의 빈자리를 채울 다섯 명의 직원을 뽑자'는 것.

젊다는 것 자체가 든든한 빽이자 보험이다. 그 중에서도 무엇이든 도전해볼 수 있는 에너지는 사업자금보다 더 중요한 자산이다. 이수연에게 CEO라는 타이틀을 만들어준 것은 분명 젊음이라는 에너지였다.

나를 세우는 힘, 스스로 정한 규칙과 원칙

이수연은 현실에서 직접 부딪히며 배우는 스타일이다. 기본 업무야 교육으로 습득되지만 모든 실무는 직접 일을 하며 배우게 된다. 회사 경영도 직접 부딪히고 배워가는 이수연을 보면 땀 흘린 만큼 얻는다는 진리를 다시 한 번 깨닫게 된다. 열심히 경영 노하우를 익혀가고 있는 그녀, 성공을 위해 실천하고 있는 전략은 무엇일까?

첫 번째 전략은 차별화다. 홍보에서는 무엇보다 차별화 전략이 중요하니, 창업 후에도 그것이 가장 큰 과제이자 숙제였다. 이수연의 중요한 스케줄 중 하나는 세미나에 다니는 것. 마케팅이나 홍보 관련 세미나는 물론 어떤 회사의 일을 맡을지 고르기 때문에 다양한 분야의 세미나에 참석해 부족한 공부를 보충해왔다. 그리고 관련 웹 사이트에 모조리 가입해 메일링을 받으며 흐름을 체크하고 있다.

"나만의 차별화 전략을 고민하다보니 레크리에이션 강사 자격증이 떠올랐어요. 저희 회사에 홍보 대행을 맡기면 직원들에게 한 달에 한 번 레크리에이션을 겸한 교육을 시켜주는 '펀fun 프로그램'을 개발했고, 덕분에 창업 한 달 만에 큰 건을 두 개나 따낼 수 있었어요. 요즘 여기저기서 펀 경영을 내세우잖아요. 시대의 흐름과도 맞았던 거죠."

처음엔 만나주는 회사도 없다시피 했지만 미팅 횟수가 늘어가고 맡고 있는 일도 하나둘 늘어가게 되었다. 그렇게 일 년 동안 앞만 보고 열심히 달렸더니 어느새 직원 다섯 명, 그녀의 꿈은 현실이 된다.

두 번째는 마인드 컨트롤이다. 이수연은 창업을 결심한 후부터 단 한 번도 '할 수 있을까' 의심하지 않았다. '할 수 있다'는 신념으로 뭉쳐도 될까 말까, 앞을 알 수 없는 상황이었고 그만큼 이수연의 인생에서 최대 전환점인 시절이었다. 그녀가 초심을 잃지 않고 자신감을 유지하기 위해 주변 사람들에게 '나는 이런 일을 해, 앞으로 이런 일을 할 거고 꼭 성공할 거야'라고 떠들고 다닌다. 이는 그녀만의 마인드 컨트롤 방법인데 나중에 친구들 보기 창피하지 않기 위해서라도 꼭 그 일을 해내고 만다고….

세 번째는 주말에는 반드시 쉰다는 것. 복잡하고 바쁜 회사 생활, 평범한 일상 속에서도 규칙을 세우고 그것을 철저하게 지키는 것이 바로 자기관리다. '주말은 반드시 휴일'이라는 규칙은 단기적으로 많은 일을 해야 할 작은 회사에서 배부른 소리일 수 있다. 하지만 장기적으로 보았을 때 창의적인 사고를 유지하는 것이 중요한 홍보 마케팅 분야에서는 재충전의 시간은 중요하다는 것.

일보다 사람이 더 힘들다, 그래도…

이수연의 회사 유스컴은 차근차근 잘 성장해가고 있다. 처음에 어려웠던 세무, 회계, 재정 관리도 어느 정도 파악이 되어 제법 CEO의 능력들을 채워가고 있다. 그러나 생각지도 못했던 데서 힘들어하고 있는 이수연, 그저 진심으로 대하면 될 거라 생각했지만 '직원'들은 달랐다.

"CEO의 나이가 어리고 회사가 작으니 직원을 뽑을 때 해프닝들이 생기더군요. 한 번은 첫 출근한 직원이 큰 회사에서 면접 보러오라고 했다며 오후에 그냥 가버리더라고요. 처음엔 무시당한 것 같아 화가 났지만 생각해보니 그런 마인드를 가진 사람은 아예 처음부터 함께 일을 하지 않는 것이 훨씬 낫겠더라고요. 계속 일했어도 큰일 날 뻔했죠. 그저 그녀에게 행복을 빌어줄 수밖에요. 일을 따내고 프로젝트를 진행하는 것보다 직원을 뽑고 관리하는 것이 더 힘들다는 걸 절실히 느끼고 있어요. 그래서 요즘엔 직원관리에 대해 연구 중이죠. 앞으로 회사가 더욱 커졌을 때를 대비해야 하니 지금부터 체계를 잡으려고요."

어떤 회사든, 어떤 자리든, 무슨 일을 하든 사람이 가장 힘들다. 각기 다른 개성을 가진 사람들이 하나의 목표를 향해 움직여도 백인백색의 사람들이 일로 얽히면 대립이 있게 마련이다. 신입사원으로 회사에 들어갔을 때 나를 중심으로 형성되는 인간관계를 체크해보자. 나와 오너, 나와 부서장, 나와 동료들, 나와 타쿠서 직원들, 나와 거래처 직원 등등 이미 다섯 개 이상의 관계가 형성된다. 각각의 관계마다 잘 이끌어가는 방법 또한 다르다.

이수연은 직원들에게 기회가 되는대로 회사의 청사진을 이야기하며 함께 키워가야 하는 '나와 너의 회사'라는 주인의식을 갖게 한다. 또한 자기계발을 위한 세미나에도 데려가고, 퇴근 후 요가를 하는 등 시간을 함께 하며 친밀감을 유도하려 한다. 어차피 사람 사는 세상, 인간적으로 다가가려 노력하는 사람을 거부할 리 없다는 것이 그녀의 생각.

"저희 직원 한 명이 전에 면접 봤던 곳은 규모는 크지만 사장이 확신이 없어 보여서 안 갔는데, 우리 회사는 작지만 저의 확신과 비전을 보고 자신의 비전으로 만들고 싶고, 회사의 성장에 기여하고 싶어서 왔다더군요. 그 말을 들으니 이제는 진짜 내 길을 찾았다는 생각이 들었어요. 앞으로 할 일을 생각하면 너무 신나요. 회사는 회사대로 키워가면서 내년쯤에는 저의 마지막 꿈을 위한 준비를 시작할 거예요. 현실에서 배운 많은 경험들을 바탕으로 강단에 서기 위해 언론홍보 대학원에 가는 것이 저의 다음 목표예요. 더 많은 사람들이 생각만으로도 신나는 일을 할 수 있었으면 좋겠어요. 단돈 50만 원으로 회사를 창업했을 때 내 회사를 키워간다는 생각만으로도 행복했기 때문에 힘을 낼 수 있었어요. 가끔 거울을 보며 나중에 성공했을 때 할 인터뷰를 연습해요. '제가 여기까지 오게 된 것은…' 이런저런 이야기들을 하다보면 상상하는 것만으로 재미있고 즐거워요. 일할 힘도 나고요. 자꾸만 주문을 외우세요. 미래의 성공한 모습을 상상하세요. 그러면 언젠간 이루어질 거예요. 그때 가서 멋지게 인터뷰 연습한 걸 써먹을 수도 있겠죠?"

　세상은 생각만큼 닫혀 있지 않다는 것이 이수연의 생각이다. 막막하고 답답할수록 일단 뛰어들라는 충고도 잊지 않는다. 우리는 젊고 가진 것이 없다. 그러므로 잃을 것도 없다. 머나먼 인생의 길, 인생의 초입에서 잘못 들어선 길을 되돌아간다고 해서 크게 달라질 것도 없다. 어떤 길로 가야 계속 직진할 수 있는지는 일단 가보아야 한다. 그래서 인생은 운전과 비슷하다. 일단 직진을 결심한 길 위에 섰다면 적당하게 속도 조절을 하고 일단정지 시점을 살피고 연료가 떨어졌을 때 주유할 곳도 생각해 두어야 한다. 어디쯤에 돌발 상황이 있을지 모르니 주변도 잘 살펴야 한다. 인생의 길을 가다보면 교차로도 만나고 삼각지도 만날 것이다. 그 길에 서서 어디로 갈까 고민도 할 것이다. 그럴 때마다 옆에서 조잘대는 친구도 있고, 도움을 주는 선배도 있고, 혼자라서 외롭게 결정하는 순간도 있겠지. 어느 길로 가든 한번 달리는 인생길, 더욱 즐겁게 가기 위해 음악을 틀어보는 건 어떨까? 이왕 가는 길, 신나고 재미난 게 좋은 거니까!

우연한 곳에 길이 있다,
어떤 것도
그냥 지나치지 마라

(주)쌈지 홍보 마케팅 실장 | 이 윤 아 *

1976년생. 대학에서 시각디자인 전공. 스물세 살에 쌈지 구두 디자이
너로 인턴십에 뽑혔지만 6개월 후 디자인실이 아닌 홍보팀으로 발령받
으며 첫 사회생활을 시작했다. 팀장을 맞기엔 비교적 이른 나이인 스물
일곱에 홍보팀장으로 전격 발탁, 현재까지 쌈지 홍보 마케팅을 이끌
고 있다. 기획, 홍보, 광고 등 마케팅 분야를 진행하며 멀티 플레이어로
쌈지의 모든 제품을 알리는 일을 하고 있다. 2007년으로 9회를 맞이하
는 쌈지사운드페스티벌을 처음 기획한 인물.

우연한 곳에 길이 있다,*
어떤 것도
그냥 지나치지 마라

이.
윤.
아.

(주)쌈지 홍보 마케팅 실장

20대에는 맡겨진 일을 열심히 하여 능력을 키우고,

30대에는 내가 잘할 수 있는 일에 매진하고,

40대에는 내 이름을 걸고 회사를 만들며, 50대에는 그것을 키우고,

60대에는 모든 것을 물려주고 여행을 두루 다니며,

70대에는 모든 것을 사회에 환원하자는 것이 내 인생의 목표이다.

女自 여자의 발견

(주)쌈지의 모든 브랜드 홍보와 광고 등 마케팅을 맡고 있는 이윤아. 그녀와는 잡지기자와 브랜드 홍보 담당자로서 만난 인연이다. 그때가 홍보 팀장으로 발령받았을 때니 벌써 4년이나 되었다. 농담 삼아 어린 나이에 출세했다는 말을 했었는데, 그녀가 조금은 민망해하던 기억이 난다. 그 후 일보다도 사적인 만남이 더 많았을 정도로 언니, 동생하며 지켜본 이윤아의 여러 장점들을 독자들과 공유하고 싶다.

스물일곱, 비교적 어린 나이에 팀장이 된 것을 사회생활을 하며 겪은 가장 큰 위기의 순간으로 기억하고 있는 이윤아. 서글서글하면서도 야무진 인상, 누구나 편안하게 대하면서도 적당한 선을 지키는 매너, 함께 일하는 사람을 자기 사람으로 만들 줄 아는 타고난 리더십, 그리고 일에 대한 열정과 회사를 사랑하는 애사심이야말로 그녀 최고의 장점이자 현재의 그녀를 만든 원동력이라 할 수 있다. 모든 것이 우연이었다고 말하지만 어쩌면 정해진 수순을 밟아왔을른지도 모르겠다. 구두 디자이너로 시작했지만 홍보 마케팅 전문가로 살아가고 있는 이윤아의 흥미진진한 사회생활기를 들어보자.

친 구 따 라 쌈 지 가 서 혼 자 만 취 직 한 행 운 녀 ?

　이윤아는 고등학교 2학년 대 무심코 광고를 만들고 싶다고 생각했는데, 담임선생님이 그러려면 미대에 가야 한다고 해서 그림을 시작했다. 시각디자인을 전공하던 대학생활은 늘 청바지에 배낭 메고 다니며 적당히 놀고 적당히 공부하고, 그냥 평범했던 편이다.

　"어느 날 학교에 갔는데 친구들이 모여 무언가 열심히 쓰고 있기에, 뭐 하냐고 물었더니 '쌈지 인턴사원 지원서'를 쓴다고 하더군요. 평소에 쌈지라는 브랜드를 너무 좋아했던 터라 저도 썼어요. 그때가 4학년 1학기 말인데, 함께 원서를 쓴 친구들 중 저만 구두 디자이너 인턴사원으로 입사하는 행운아가 됐죠. 솔직히 쌈지에서 일하고 싶기는 했지만 디자인

파트에 대한 꿈은 별로 없었던 게 사실이에요. 사장님 면접 때도 '요즘 어디가 물이 좋아요?' 라고 물으면 '잘 안 노는데요' 라고 대답했으니 당연히 떨어질 줄 알았죠. 그런데 덜컥 뽑힌 거예요. 사장님께서 제가 너무 얌전해서 뽑았다고 하시더군요. 하하하…."

구두 디자인에는 관심이 없던지라 예상대로 6개월간의 인턴 생활은 지루하고 재미없는 나날들이었다. 그런데 다른 곳에서 우연한 기회가 그녀를 찾아온다. 인턴 때 홍보팀에서 컴퓨터 그래픽을 할 줄 아는 사람을 찾았는데, 이윤아 밖에 없었다. 기꺼이 홍보팀의 일을 도와줬고, 그 일을 계기로 인턴 6개월이 끝난 후 홍보팀에 발령을 받은 것. 고등학교 시절 그림을 시작한 이유도 광고 일에 대한 꿈 때문이었으니 그야말로 횡재한 기분이었다고 그때를 기억하고 있다.

실상 대부분의 기회는 우연히, 생각지도 못했을 때 찾아온다. 그 기회를 잡으려면 어떻게 해야 할까? 대부분의 취업준비생들이 자신이 원하는 분야의 일만 잘하면 된다고 생각한다. 디자이너면 디자인만 잘하면 된다, 기자면 글만 잘 쓰면 된다는 식이다. 그러나 실제 업무는 상당히 범위가 넓다. 디자이너라도 디자인 업무 외에 디자인 기획서, 시안잡기, 결산해야 할 서류 등 처리해야 할 업무들이 굉장히 많다. 부서 간에 협조해야 할 일들은 또 얼마나 많은지. 그러니 자신의 전문 분야에 대한 공부 외에 사회생활에 도움이 될 만한 다양한 기술들을 배워두는 것이 좋다. 그 중 컴퓨터 활용 능력은 기본이다. 또한 어느 부서에 지원하든 전체적인 시장의 흐름과 회사 업무의 유기적인 관계 등에 대한 공부도 필요하다. 이윤아의 경우처럼 컴퓨터 활용 능력은 물론 쌈지라는 브랜드에 대한 개인적인 관심 등 소소한 일들이 생각지도 못한 기회가 되었던 것이다. 그녀에게 기회는 우연히 온 것이 아니다. 기회는 준비되어 있는 자에게 온다더니, 그 말이 피부로 느껴진다.

좌충우돌, 고군분투 신입사원 탈출기

홍보팀으로 출근한 지 일 주일, 이제 겨우 서류 정리하고 복사기 다루는 게 익숙해진 신입사원 이윤아에게 시련이 닥친다. 가족들과 놀러갔던 홍보팀장이 사고를 당해 6주간 자리를 비우게 된 것이다. 연말이라 해야 할 일들이 줄줄이 기다리고 있는데, 홍보팀에 남은 인원은 이윤아가 전부였다. 그저 앞이 캄캄할 뿐이었다. 그때 다른 부서 사람들의 걱정스런 얼굴을 지금도 잊을 수 없다고.

"새로 사람을 뽑을 수도 없는 상황이라 제가 다 해야 했어요. 처음 해야 할 일이 사장님의 월간미술 10주년 기념 원고 초안을 잡는 일이었는데, 한 번도 글을 써본 적이 없어서 정말 진땀을 흘렸죠. 하루 동안 겨우겨우 써서 사장님께 넘기고 퇴근하는데, 전화가 왔어요. '네가 썼냐? 잘 썼다.' 구두 디자인할 때는 한 번도 들어본 적 없는 칭찬! 게다가 어리버리 처음으로 맡은 큰 일에서 칭찬을 받으니 그 동안의 걱정이 사라지고 해낼 수 있겠다는 자신감이 생기더라고요. 그 후 팀장님께 배워야 할 일들을 사장님 직속으로 트레이닝을 받으며 회사에 관한 모든 것을 달달 외울 정도로 미친 듯이 일했어요."

이윤아는 팀장이 없던 한 달 반을 평생 잊을 수 없다고 말한다. 호되게 일을 배우느라 힘들기도 했지만, 한창 문화 연계 마케팅을 시작할 때라 다양한 문화 예술계 사람들을 만나면서 그 인연이 현재까지 이어지고 있기 때문이다. 잘 몰랐던 분야의 사람들을 통해 문화 지식도 얻고, 세상 돌아가는 이치도 배웠다. 그때 쌈지를 대표하는 문화사업인 쌈지사운드 페스티벌을 최초로 기획하고 개최했는데, 회사 생활 8년 동안 가장 자랑스러운 일이기도 하다고.

기획부터 광고, 홍보 등 마케팅과 관련된 모든 일을 하기 때문에 회사에서도 가장 바쁜 부서가 홍보팀이다. 부서에서 이루어지는 모든 일들이 이윤아에게는 생소했지만 부딪히며 배워보니 모든 것이 재미있고 신기했다. 신입사원에게 생소하지 않은 일이 뭐가 있겠는가.

업무에 익숙해져가고 효율적으로 일하는 법을 배우는 과정이 사회생활이다. 기업은 그 과정을 소화해낼 수 있는 기본적인 소양을 갖추고 성장 가능성을 가진 사람을 뽑는다. 그러므로 깨지고 부딪히며 배우겠다는 각오가 되어 있어야 한다. 무시당할 수도 있고 혼나는 일도 부지기수다. 많은 사람들이 처음부터 잘해야겠다는 강박관념 때문에 자신을 포장하려 애쓴다. 몰라도 아는 척하고, 혼나면 일단 마음부터 상하고…. '자기는 얼마나 잘나서, 내가 왜 이런 대접을 받아야 해' 라는 생각으로 일을 그만두는 사람들을 많이 보았다. 내가 아무리 많이 배우고 대단한 능력을 갖추었더라도 신입사원은 신입사원. 모르는 것을 인정하고 처음부터 배울 자세가 되어 있는 것과 그렇지 않은 것은 자신의 업무 능력을 키워나가는 속도, 성취감이나 보람은 물론 승진에서까지 전혀 다른 결과로 이어진다는 것을 명심하자.

믿음을 주는 직원이 되기 위한 노력

스물일곱, 4년 차에 갓 들어선 이윤아는 팀장 발령을 받는다. 사회 통념상 어린 나이이고 대외적으로 회사를 대표해 나서는 일이 많은 홍보부서의 팀장으로서도 어린 것은 분명했다. 다른 부서에서도 팀장을 하기엔 너무 어리다, 위에 실장이 있어야 한다 등 많은 의견도 있었고 정작 이윤아 자신도 스스로가 못미더웠다.

"제 나이 때문에 위로 누군가를 데려오기도 그렇고 아래로 뽑기도 힘든 상황임을 알았기에 사표를 내기로 했어요. 사장님께 공부하러 간다며 사표를 냈는데, 계획서를 써오라는 거예요. 그래서 썼죠. 그리고는 저를 부르서 '나는 네가 일하는 걸 보며, 아티스트들과의 관계도 그렇고 믿을 수 있는 잠재력을 가진 친구라고 생각했다. 그러니 잘 해나가자, 그렇게 하자! 열심히 해봐' 라고 말씀하시는 거예요. 눈물이 날 것 같았어요. 사장님은 정말 절 믿어서가 아니라 믿어보기로 결심하신 거예요."

좋은 오너를 만난 것은 분명 이윤아에게는 행운이지만, 운이 좋아서만은 아니다. 열심히 일하며 성실함을 보인 이윤아의 능력임이 분명하다. 어쨌든 이윤아는 어린 팀장이 되었고 오너의 믿음에 보답하기 위해 모든 이들에게 팀장으로서의 자격이 있음을 보여주어야 했다. 일단 열심히 하는 것밖에는 방법이 없었다.

"팀장이 되자마자 정구호 디자이너가 대표로 왔는데, 그때가 패션에 진실로 눈을 떴던 시기예요. 아트 마케팅에서 서서히 다른 방향으로 마케팅의 폭을 넓혀가던 시기라 더욱 할 일이 많았죠. 남들에게 인정받고, 말고에 신경 쓸 겨를도 없이 그저 일만 했어요. 그러다보니 처음엔 저를 못 믿어했던 사람들도 자연스레 좋은 평가를 해주더군요. 저 자신도 스스로 신기해 할 정도로 열심히 일했고, 최선을 다해 노력했고, 그러면서 정말 많이 배웠어요."

쌈지의 성장 과정, 특히 그녀가 일하기 시작했을 때부터의 변화와 성장을 모두 나열할 수는 없지만 실로 많은 일들을 해낸 이윤아. 그럼에도 늘 배움의 자세를 강조하는 겸손한 그녀다. 지금의 그녀가 있기까지 늘 자신의 부족함을 파악하고, 그것을 채우기 위해 끊임없이 노력했던 것이다. 이런 점은 우리 모두가 스스로의 발전을 위해 평생 지녀야 할 마음가짐이 아닐까? 그런 과정을 통해 스스로 배워간 것과 자연스레 알게 되는 것들이 더해져 보다 강한 사람이 되어가는 것이다.

애사심 없이 행복한 직장생활이 가능할까?

"회사를 다닌 지 5년쯤 되었을 때인가, 문득 출근길에 그동안 한 번도 회사 가기 싫다는 생각을 해본 적이 없다는 것에 흠칫 놀랐던 적이 있어요. 정말 행복한 일이죠. 사실 제가 하고 있는 일은 너무나 다양해서 지루할 겨를도 없고 언제나 즐거워요. 대부분의 일들에 대중들의 반응이 따라오잖아요. 그 반응을 기다리고 느끼는 것이 좋아요. 특히 몇 달을 준비해 만든 공연에서 3만 명이 즐겁게 뛰고 노는 것을 보면 눈물이 날 정도예요. 온몸에 전율이 오죠."

'회사 가기 싫다'는 학생들의 '학교 가기 싫다' 만큼 모든 이들이 공감하는 부분이다. 어쩌다 한 번은 정말 회사 가기 싫다, 심지어는 하루만 아팠으면 좋겠다는 생각을 누구나 해보았을 것. 그렇다면 이윤아는 왜 그런 걸 못 느꼈던 걸까? 답은 간단하다. 회사와 일에 대한 애정이 아니면 무엇이겠는가. 쌈지라는 회사를 좋아하고 그 회사를 위해 하는 일이기에 일도 재밌고 보람도 느끼고 말이다. 8년이라는 기간 동안 한 회사에 다니는 것도, 무섭도록 열심히 일할 수 있었던 것도 모두 회사에 대한 애정 때문이었다고 한다.

많은 직장인들을 만나면서 대부분의 사람들이 일(직업)에 대한 애착이 강한 반면 회사(직장)에 대한 애착은 적다는 것을 느낀다. '평생 직업은 있어도 평생 직장은 없다'는 말이 있을 정도다. 그러나 회사가 있어야 할 일도 있는 것이다. 어느 회사에 다니든 스스로 회사에 대한 애정을 가져보자. 누구를 만나더라도 자신의 회사에 대해 잘 설명할 수 있도록 능동적으로 회사를 파악하고 남들에게 자랑해보자. 우리 모두 자기 자신을 위해서, 동시에 회사를 위해서 일하는 것 아닌가.

"직속상관이자 스승이고 멘토셨던 사장님 때문에 회사에 대한 애정도 더 커갔던 것 같아요. 패션계에서 천호균 사장님은 굉장히 유명한 분이세요. 50대 후반이신데 젊은 사람들도 놀랄 만큼 파격적인 패션을 즐기시는 것도 그렇지만 패션과 아트를 결합시킨 사업방식을 처음으로 시도하는 등 저로서는 배울 것이 너무나 많은 분이죠. 최근에 제 밑으로 직원들이 늘어나면서 리더십에 대해 고민을 많이 했어요. 자연스레 사장님이 떠오르더군요. 사장님은 한번도 'OO해라'라고 말씀하신 적이 없어요. '이러면 어떨까?', '너는 어떻게 생각하니?' 스스로 생각하게 하고, 지시를 받는 것이 아니라 함께 고민해서 결정한다는 생각이 들게 하시죠. 그래서 항상 저도 모르게 '내 회사'라는 생각을 했던 것 같아요. 내 회사인데, 애정이 안 생길 리 없죠."

사장의 말투 하나까지 가슴에 담아 부서원들을 대할 때 실천하는 이윤아를 보면 리더십은 책으로 배울 수 있는 것은 아닌 것 같다. 이윤아는 사장에게서 직원에 대한 배려를 배우고 일과 회사에 대한 애정과 열정을 키워왔다. 이제는 이윤아의 부서원들이 그녀를 보며 배우고, 그녀로 인해 '내 회사'라 생각하는 긍정의 고리가 연결되는 것이다. 좋은 선배, 좋은 팀장, 좋은 CEO가 되는 길은 멀고도 험하다. 오죽하면 인사관리법, 리더십에 관한 책들이 서점을 가득 채우고 있겠는가. 그런 면에서 이윤아는 살아 있는 리더십 교육을 받은 셈이다.

'무엇을 배워야 할까?'는 평생 과제

"서른을 눈앞에 두니 바쁘게 살아온 인생과 앞으로의 인생에 대해 생각하게 되더군요. 그때 삶 전체의 지도를 그려봤어요. 20대에는 맡겨진 일을 열심히 하며 능력을 키우고, 30대에는 내가 잘할 수 있는 일에 매진하고, 40대에는 내 이름을 걸고 회사를 만들며, 50대에는 그것을 키우고, 60대에는 모든 것을 물려주고 여행을 두루 다니며, 70대에는 모든 것을 사회에 환원하자는 거예요. 그리고 그간 실무를 통해 배운 것을 체계화하려고 대학원에 갔어요."

현장에서 배운 것을 학교를 통해 이론적으로 체계화시키는 작업은 더 먼 미래를 위해 필요하다. 더욱이 한 부서를 이끄는 팀장으로서 6년 넘게 일하며 쌓인 노하우를 이론적으로 검증하는 대학원 공부는 충분히 값지다. 이러한 보충 수업도 그녀의 현장 경력과 어우러지니 더욱 확실하게 체계가 잡혀가고 있는 것이 사실이다. 현장 경험과 이론 공부가 더해져 시너지 효과를 발휘하고 있는 것이다. 어릴 때부터 꾸준히 감성과 감각을 단련시키고, 사회에 나와서 다양한 현장 실무 능력을 습득하고, 그 이후 대학원에서 이론을 정립하고…. 평생 무언가 배우고 단련하는 사람을 앞설 수는 없다. 그 살아 있는 증거가 바로 이윤아 아닌가.

"제가 여대를 다녀서인지 대학은 남녀공학을 다니는 게 좋겠다는 생각이 들어요. 사회생활을 하면서 학창시절의 다양한 경험이야말로 그 어떤 공부보다 소중한 밑천이라는 걸 깨달았어요. 다양한 경험에서 톡톡 튀는 아이디어가 나오는데, 그런 경험들이 부족했죠. 취업 후에 한꺼번에 많은 것을 흡수하려니 힘들었던 게 사실이에요. 그리고 호기심이 많아야 알고 싶고 노력하게 돼요. 그러니 어떤 사물이나 현상을 바라볼 때 늘 호기심을 갖도록 노력해보세요. 살면서 잘했다고 생각하는 건 어릴 적부터 책을 많이 읽은 거예요. 그때 읽었던 책 속의 캐릭터들이나 느낌들이 아이디어가 되기도 해요. 그런데 정말 친구들도 많고, 다양한 문화생활을 즐기며 많이 놀았던 사람들, 여행 많이 다니며 다양한 세계를 경험했던 사람들은 따라갈 수가 없더군요. 보지 않고, 듣지 않고, 느끼지 않고 무엇을 창조내기란 힘들어요. 그러니 책도 많이 읽고, 열심히 놀고, 여행도 많이 하고, 많은 사람들을 사귀며 다양한 경험을 쌓도록 하세요."

다양한 경험 쌓기, 책 많이 읽기, 친구 많이 사귀기, 매사에 호기심 갖기…, 등등은 마케팅 분야는 물론 세상 모든 직업인이 갖춰야 할 인생의 기본 소양이라 해도 과언이 아니다. 내 인생을 위해 이 정도의 노력은 해 주어야 하지 않을까? 이런 것들은 나이를 먹어가면서도 꾸준히 해야 하는 일들이다. 대학시절, 스펀지처럼 무엇이든 쏙쏙 빨아들일 수 있는 나이에 경험하면 금상첨화겠고….

20대에는 놀고, 30대에 열심히 일하자

영화 마케터 | 장 영 신 *

1980년생. 대학에서 국문학을 전공하며 영화를 만들고 싶어 영화 제작 동아리 창립, 영화를 만들며 영화 제작에 재능이 없음을 인정하게 되었다. 그러나 영화를 떠나 살 수 없기에 외국 영화를 수입·배급하는 영화사에 취업한다. 낮에는 회사, 밤에는 구매대행 쇼핑몰을 운영하며 투잡족을 하다보니 사는 게 힘들어졌다. 두 가지 일을 병행한 지 꼬박 1년 6개월, 무언가 다른 삶이 있을 것 같아 고민과 사유으 밤을 보내고 2006년 가을이 오기 전에 그 동안 모아놓은 돈을 들고 뉴욕으로 떠났다. 현재 쇼핑몰도 정리한 채 뉴욕의 아티스트들 속에서 '아트'를 공부하고 있다. 드라마와 영화 속과는 전혀 다른 뉴욕, 그리고 자신도 몰랐던 자신과 마주하고 있다.

20대에는 놀고, *

30대에

열심히 일하자

장.

영.

신.

영화 마케터

직장생활 1년 6개월, 나와 친구들의 생활을 보며 생각했다.

'이 젊은 나이에 우리는 너무 일만 한다!'

20대의 대부분을 취업하는 데 보내고 인정받기 위해 노력한다,

20대는 더 많은 걸 보고 느끼고 경험하고 놀 때가 아닌가?

그러니 20대에는 놀고 30대에 내 안에 쌓인 것들을 세상에 풀어가자,

일을 즐길 수도 없는 똑같은 일상에 내 청춘을 바치고 싶지 않다!

그래서 결심했다. '기쁘게' 도망치기로!

女目 여 자 의 발 견

처음 장영신을 알게 된 것은 신풍속도인 '다운시프트 족'을 인터뷰하기 위해 지인들을 통해 적당한 인물을 물색하면서였다. 삶에서 추구하는 것이 돈이나 성공보다는 마음의 안정과 만족이라는 측면에서 '다운시프트 족'에 꼭 들어맞는 인물이었지만, 속을 들여다보니 '마음의 만족'을 위해 그 누구보다 바쁘게 일하고 있는 그녀였다. 낮에는 영화사에 다니고, 저녁엔 월급으로 부족한 돈을 벌기 위해 구매대행 쇼핑몰을 운영한다.

처음 장영신을 만났을 때 그녀의 나이 24세, 회사에 갓 입사한 사회초년생이었다. 비슷한 나이 또래의 친구들에게서는 느낄 수 없었던 결단력, 어떻게 살아야 할지 고민하며 자신의 인생을 꾸려나가고 있는 진지함에서 많은 것을 배울 수 있었다. 그녀는 일 외에도 주말마다 마음 맞는 친구들과 모여 글 쓰는 모임까지 열며 매사에 참 열심이다. '이 친구 참 재밌게 사는구나', 일면 부러움도 느꼈다. 마음의 안정을 추구하며 산다는 자칭 '다운시프트 족', 장영신의 사회생활은 어떨까?

포기할 수 없었던 영화, 다르게 접근하기

장영신은 대학 시절, 영화를 너무 좋아해 영화 제작 동아리를 만들었다. 그런데 정작 작업을 하다 보니 자신에겐 영화를 만드는 재능이 없다는 것을 알게 된다. 그러나 그 좋아하는 영화를 버릴 수 없었다. 뭐라도 영화와 관련된 일을 하고 싶었다.

"영화 제작에 재능은 없지만 영화를 떠나 산다는 건 생각할 수 없었어요. 그런 생각을 하며 영화 잡지를 보는데 지금 다니고 있는 회사의 채용 공고가 났더라고요. 그토록 좋아하는 영화를 수입했던 곳이라 더욱 끌렸어요. 벌써 입사한 지 1년이 훌쩍 지났네요. 영화를 골라 수입하고 개봉시키고 마케팅과 홍보하는 일을 해요."

'하고 싶다'는 이유, '하면 된다'는 마음만으로 일에 매달려 20대의 소중한 시간을 허비하는 경우를 많이 보았다. 자신이 그 일에 재능이 있는지 없는지조차 제대로 파악하지 못하고 말이다. 노력해서 될 일인지, 노력해도 안 되는 일인지 스스로 정확히 진단할 수만 있다면 결론은 의외로 쉽게 난다. 장영신도 그랬다. 너무나 하고 싶은 일이었지만 자신에게 없는 재능은 노력한다고 생기는 것이 아니라 판단했고, 대신 그 분야의 다른 일을 찾기로 한 것이다. 꼭 꿈꾸던 그 일이 아니어도 주변부에 다양한 일이 있다. 영화만 보더라도, 감독, 연출, 촬영, 영화 수입, 배급, 진행, 캐스팅, 장소 헌팅, 홍보, 마케팅, 작가, 영화지 기자, 평론가, 배우 등 주변부에 얼마나 많은 일이 있는가. 일단 좋아하는 분야에 어떤 직업들이 있는지 정보를 수집하고 자신에게 맞는 일을 찾아보자. 분명히 그 분야 안에 내가 할 수 있는 일이 있을 것이다.

20대 직장인의 삶, 그 굴레를 떠나거나 적응하거나…

"미국으로 어학연수를 갔을 때 아르바이트 개념으로 구매대행 사이트를 오픈했는데, 생각보다 잘 되어서 지금까지 그쪽에 연을 두고 있어요. 월급 생각하지 않고 영화판에 뛰어들 수 있었던 것도 쇼핑몰이 있었기 때문이죠. 솔직히 돈은 있어야 해요. 하고 싶은 것이 많은 저 같은 사람에게는 꼭 필요하죠."

장영신은 금전적인 걱정이 없어야 좋아하는 영화 일을 즐길 수 있을 거라 생각했다. 쇼핑몰은 영화사 일에 전념하기 위한 방패막이었던 것. 그런데 1년 넘게 투 잡을 유지하다보니 일단 육체적으로 너무 힘들고, 영화사 일도 생각과는 많이 달라 고민에 빠지게 된다.

　"해외에서 영화를 수입해서 국내에 개봉시키고 DVD나 비디오로 출시하는 일이 주 업무예요. 회사는 안정적인 운영을 추구하다보니 늘 정해진대로 흘러가죠. 그것이 저를 가장 힘들게 해요. 저는 영화 수입 작품을 고를 때도, 홍보와 마케팅을 할 때도 새로운 시도를 많이 해보고 싶어서 의욕에 차 새로운 기획안을 내놓으면 번번이 '하던 대로' 하라는 지시를 받아요. 그럴 때면 의욕상실은 말할 것도 없고 이렇게 열심히 일해서 뭐하나, 하는 생각을 하게 되고 급기야 돈도 얼마 못 받는데, 라는 생각까지 하게 되죠."

　이상과 현실의 부딪힘, 그녀뿐 아니라 사회생활을 하는 모두가 한번쯤은 겪게 되는 고민일 것이다. 영화를 즐기며 일하고 싶어 취업했고, 돈 걱정 덜려고 잠잘 시간 쪼개 쇼핑몰까지 운영하고 있는데, 영화도 쇼핑몰도 모두 부담스런 '일'이 되어버린 상황. 에너지 넘치는 2030 세대들 모두가 겪는 문제일 것이다. 일 자체를 즐기며, 현실에서 이상을 펼치며, 그렇게 사는 사람이 얼마나 있을까. 장영신은 스스로 자신에게 맞는 해답을 찾기 시작한다.

　"회사라는 조직이 젊은 세대들의 새로운 생각을 원하면서도 경계하는 이중적 태도가 있다는 것을 느꼈어요. 특히 규모가 적어 안정적인 운영을 추구하는 회사는 결과를 알 수 없는 아이디어에 모험을 걸지 않죠. 다르게 생각해보면 회사가 개인을 위해 모험을 걸어야 할 필요도 없는 것 같아요. 개인의 실패는 나에서 끝나지만 기업의 실패는 회사 전체에, 직원 모두에게 영향을 미칠 테니까요. 그렇더라도 더 많은 돈을 벌 수도 있는 아이디어를 매번 거부하는 건 문제가 있다고 생각해요."

회사일에 쇼핑몰 일까지 하면 평균 하루 14시간 일한다는 그녀. 좀더 효율적으로 시간을 쓰며 좋아하는 것들을 즐기며 살자는 생각에 생활계획표를 짜기에 이른다. 월요일부터 금요일까지는 6시 퇴근 이후 11시까지 하는 일이 모두 다르다. 퇴근 후 월요일과 화요일은 윌리진 관리, 수요일은 글쓰기, 목요일은 사진수업, 금요일은 클럽에 가거나 집에서 파티를 열고, 토요일과 일요일 오전에는 토플학원에 가고 오후에는 영화를 보거나 미술관에 가거나 주말여행을 떠나는 것이 그녀의 생활계획표이다. 그리고 이 계획표는 비교적 잘 지켜지고 있다.

"계획표대로 움직이며 지내다 보면 정말 정신이 하나도 없어요. 회사 다니고 돈도 벌면서 책, 영화, 사진, 파티, 여행 등 여가를 포기할 수 없으니 어쩔 수 없죠. 정신없이 살다보면 힘들고 지쳐서, 이렇게 사는 것이 정답인지 헷갈릴 때도 많아요. 그렇지만 20대 직장인 누군들 힘들지 않겠어요. 떠나야 하나 적응해야 하나, 늘 그것이 문제죠."

사회생활 1년 반만에 내린 결론, 난 놀아야 한다!

장영신은 자신의 아이디어들이 반려되는 일을 반복해 겪으면서 일에 대한 의욕을 잃어갔다. 성취감 한번 느껴보지 못한 채 일은 점점 재미없어졌고, 회사로 인해 영화·책·여행 등 평소 좋아하는 것들을 누리지 못하는 것도 화가 났다.

"제가 하는 고민들이 규모가 작은 회사이기 때문일까 생각해봤어요. 규모가 큰 회사를 다녔다면 어땠을까, M영화사에 다니는 친구를 보니 늘 바빠서 성취감을 느끼기도 전에 몸이 힘들어서 쓰러지더라고요. 그 친구도 고달프기는 마찬가지인 거죠. 늘 함께 놀고 고민하고 공부해온 친구들의 사회생활, 저의 직장생활을 뒤돌아보며 이런 생각을 했어요. '이 젊은 나이에 우리는 너무 일만 한다!' 20대의 대부분을 취업하기 위해 노력하고, 취업해서는 적응하고 인정받기 위해 일하고…. '현실은 정말 더럽구나.' 불현듯 '감성 풍부한 20대에는 더 많은 걸 보고 느끼고 경험하며 놀 때다!'는 생각이 들었어요. 기력만 소진하고 일을 즐길 수도 없는 늘 똑같은 일상에 내 청춘을 바치고 싶지 않아요. 그래서 결심했어요. 조만간 다 정리하고 그동안 모은 돈을 들고 떠날 거예요."

20대 뜨거운 청춘을 일만 할 수 없다며 더 놀기 위해 떠나겠다는 장영신의 선택. 그녀의 가장 친한 친구 한 명은 같은 고민을 하며 기꺼이 세상과 타협하겠다는 결론을 내렸다고 한다. 이것저것 더럽기는 하지만 일이 재밌기에 그 일로 성공하고 싶다는 것. 둘 다 자신의 인생이고, 자신을 위한 결정이다. 누군가 20대를 어떻게 보냈느냐가 인생 전체를 좌우한다고 했는데, 그녀들이 선택한 20대가 어떤 미래를 보장할지 그 누가 알겠는가. 중요한 것은 자신을 사랑하는 것이고, 자신의 미래를 사랑하는 것일 테다. 그 안에서 미래를 위해 고생도 감수하겠다는 사람도 있고, 고행길을 가야만 미래가 보장되는 것은 아니다라는 사람도 있다는 것.

"회사에 다니며 한 가지 확실해진 것은 저에겐 어떤 걸 창작하고, 표현하는 능력보다는 기획하고 구성해 진행하는 능력이 많다는 거예요. 앞으로도 무엇을 하든 '표현'하는 쪽보다는 일을 저지르고 '진행'하는 쪽이 되겠죠. 제게 맞는 일이 무엇인지 알았으니 그 일을 더 잘하기 위해 더 많이 공부하고 세상을 두루 경험하며 뭔가를 채워서 돌아오고 싶어요. 돈이 떨어지면 아르바이트도 하고 그러면 되죠. 두려운 건 없어요. 기쁘게 도망갈래요. 그 다음은 그때 가서 생각할래요."

　많은 사람들이 학교를 졸업하고 바로 사회에 나와 생각과는 다른 세상에 힘들어하고 다른 길을 찾지 못해 괴로워하기도 한다. '삶은 즐거워야 한다'고 생각하는 장영신은 그래서 '기쁘게 떠나기'로 결심한다. 사실 그녀의 선택이 부럽기도 하다. 기쁜 마음으로 도망칠 수 있는 사람이 몇이나 되겠는가. 문제는 두려움일 것. 마음속으로는 떠나라고 외치고 있지만 실컷 세상을 경험하고 배우고 돌아왔는데 날 받아줄 곳이 없으면 어떡하나, 어렵게 취직했는데 다시 일할 수 있을까, 나이가 많으면 다시 적응하기 힘들 텐데 등등 일어나지 않을 수도 있는 일들에 대한 두려움이 발목을 잡는 것이다. 그렇다고 흔들리는 모두가 장영신처럼 떠날 필요는 없다. 수없이 많은 길 중에서 그녀에게 맞는 길을 택한 것뿐이니까. 각자의 현실에 맞게 탈출구를 찾으면 된다. 누군가는 자신의 새로운 시도를 받아들여줄 때까지 더 노력해볼 수 있고, 근무환경이 다른 회사를 찾아볼 수도 있다. 새로운 직업에 도전할 수도 있고, 부족한 공부를 할 수도 있고, 그간 사회에서 배운 것을 바탕으로 사업을 시작할 수도 있다. 당신 안에서 정답을 찾아야 할 수밖에….

감수성 유지를 위한 그녀만의 계획들

처음 그녀를 만났을 때가 떠오른다. '꿈이 뭐예요?'라는 질문에 날아온 멋들어진 대답.

"음…, 나이가 들어도 예민하게 사는 거요. 내가 좋아하는 영화를 보며, 책을 읽으며, 예술작품을 보며 여전히 나이가 들어도 내 감성이 예민하게 반응하는 것, 그랬으면 좋겠어요. 마음이 무디어져서 문화예술이 주는 삶의 기쁨을 느끼지 못한다면 불행할 것 같아요."

'돈 많이 벌고 싶어요, 내 회사를 만들 거예요, 교수가 되겠어요…' 이런 이야기만 들어오던 내게는 신선함 그 자체였다. 이미 감성을 유지하며 살기 위한 미래의 계획들까지 세우고 있으니 조금은 신기하게 느껴지기도 했다. 예민하게 살기 위한 그녀만의 계획은 이렇다.

첫째는 각자 영화판의 다른 영역에서 일하고 있는 친구들이 모여 무가의 영화 잡지를 만드는 것이다. 영화를 보면 별거 아닌데 너무 어렵게 써놓은 글들을 보며 제대로 영화를 소개하고 있지 않은 것 같아 대중들의 눈높이에 맞는, 쉬우면서도 재밌게 읽을 수 있는 영화 잡지를 만들겠다는 것. 영화와 더불어 다양한 주제의 책도 써볼 생각이다. 세상에 너무 가짜가 많아 우리가 진짜를 이야기해보자고 의기투합해 일 주일에 한 번씩 친구들과 글쓰기 모임을 한단다. 서두르지 않고 천천히 그녀들의 이야기를 세상에 내놓을 예정이다.

두 번째 계획은 종합 문화 예술 공간인 테마 레스토랑을 여는 것. 종합 공간을 표방한 레스토랑이지만 단순히 음식을 파는 곳이 아니라 문화와 코드를 함께 향유할 수 있는 공간이다. 그 안에서 만나고 싶은 사람끼리만 모여서 하고 싶은 이야기만 하고, 먹고 싶은 거 먹어 가며, 울고 웃고, 사진 찍고, 그림 그리고, 음악을 나누고, 이야기하고, 차를 마시며, 영화를 보는 유토피아란다. 통하는 사람들만 함께 하고 싶은 유토피아를 만들겠다는 꿈은 2005년에 칸영화제를 다녀오면서 더욱 확실해졌다. 프랑스 바닷가의 작은 도시, 칸에서 만난 작고 예쁜 카페들을 보며 더욱 구체적인 꿈을 꾸게 된 것이다.

"'할 수 있겠냐'고 묻는 사람들이 있는데, 참 이상해요. 못 할 거라고 미리 겁먹을 필요가 있나요? 저는 이미 쇼핑몰을 나름대로 성공시킨 경험이 있어요. 부딪히니 다 되더라고요. 세상엔 못할 게 없다는 것을 알았죠. 그러니 일단 저질러보는 거죠 뭐. 앞으로 또 어떤 꿈들이 생길지는 모르겠어요. 그러나 하나는 분명해요. 나이가 들어도 예민하게 사는 것. 그러기 위해 일단 일을 위한 일 따위는 접고 세상을 더 경험하고 즐겨야 할 때예요."

당차다 못해 발칙한 20대의 열정이 고스란히 전해진다. 그렇다. 세상에 못할 건 없다. 자신은 도전해볼 용기도 없으면서 팔짱이나 끼고 앉아 '그게 되겠어?'라고 말하는 부정적인 사람들에게 멋지게 성공한 모습을 보여주면 그뿐이다. 2030 여자들에게 세상을 향해 소리쳐보자! '난 뭐든 할 수 있다!'라고….

"사실 이것저것 생각해보면, 인생의 꽃길이랄까 왕도랄까 그런 건 옛날부터 알고 있었는지도 몰라요. 근데 이상하게 편해 보이고 쉬워 보이는 그 길은 가기가 싫었어요. 쉬운 길로 가면 어려운 길로 갈 때 얻을 수 있는 뭔가를 놓치는 것 같았죠. 공부 열심히 해서 좋은 대학 가고, 돈 많이 벌면서 살아도 나쁘지 않은 인생인 건 알겠는데, 그렇게만 살기에는 뭔가 찝찝한 기분이 계속 드는 거예요. 불안했어요. 그렇게 맹목적으로 가려면, 그 길에 대한 절대적 믿음과 소명이 있어야 하는데, 그런 확신이 들지 않았으니까요. 그래서 두리번거리기 시작했죠. 남들이 다 맞다고 열심히 가면, 두 발짝쯤 떨어져서 진짜 맞는 건지, 먼저 간 그 사람들 어떻게 되나 보려고, 기다렸어요. 공부 열심히 해야 할 때는 공부는 적당히 하고 문화예술을 즐겼고, 다들 취업준비할 때 내게 재미있는 일이 과연 무엇일까 고민했죠. 그러다 보니 지금 제가 서 있는 지점이 약간은 비스듬해요. 지구의 동그란 부분에 기우뚱 서 있다고 할까요? 그래서 여전히 불안해요. 가슴이 옆으로 기울어져 있기 때문에 숨쉬기 곤란할 때도 많아요. 대신 그러는 동안 진짜 '내 인생'을 고민했죠. 그런 고민만으로도 훌륭한 인생 아닌가요?"

주변에 외국 친구들이 많아서 그런가, 장영신은 또래 친구들 중에서도 사고가 자유로운 편이다. 외국인 친구들을 보며 '저 아이들은 정말 젊음을 젊게 보낸다'고 생각했다는 그녀. 그들은 젊을 때 세계를 돌아다니며 여행하고, 하고 싶은 공부하고, 아르바이트하고, 친구들을 사귀며 실컷 논다. 그리고 모국으로 돌아가 자신의 분야에서 멋지게 일하고 있는 친구들을 보며 '젊음을 젊게' 보내야겠다는 생각을 굳혔다고….

우리가 살고 있는 이 세상이 너무나 좁게만 느껴진다. 대학은 꼭 스무 살에 가야 한다, 학교를 졸업하면 취업을 해야 한다, 나이가 차면 결혼해 가정을 꾸려야 한다, 남들 다 그렇게 사니까 너도 그렇게 살아야 한다…? '왜, 그래야 하지? 이건 아닌데' 하는 생각이 든다면, 장영신처럼 두 발짝 뒤에서 따라가도 좋다. 하지만 그 두 발짝에는 이유가 있어야 한다. 그것이 방황이든 경험이든 말이다. 이 피 끓는 청춘을 어떻게 보낼 것인가? 자신에게 맞는 현답은 있어도 정답은 없다. 내 인생을 위한 것이니 '기쁘게' 방황하고 '즐겁게' 고민하자.

나 자신이 바로
키우고 가꿔야 할
브랜드

*
NHN 웹 기획자 · 웹 칼럼니스트 | 정 유 진

1972년생. 대학에서 영문학 전공. 방송아카데미 수료 후 2년 반 동안
〈MBC스페셜〉 방송작가로 활동했다. 전문가가 되어야겠다는 생각에
인터넷에 눈을 돌린 웹 1세대. 한겨레 쇼핑몰 마스터, 코리아닷컴 음악
채널 뮤직캐스트 기획 및 운영, i-biznet.com 웹 칼럼리스트 등으로
활동했다. 프리랜서로 웹 기획 및 웹 사이트 평가 작업을 하다 네이버
그룹인 NHN에 스카우트되어 현재 지역정보팀을 이끌고 있다. 저서로
〈정유진의 웹 기획론〉, 〈정유진의 웹2.0 기획론〉이 있다.
www.youzin.com

나 자신이 바로 *
키우고 가꿔야 할
브랜드

정.
유.
진.

NHN 웹 기획자 · 웹 칼럼니스트

솔직히 나보다 더 능력 있는 후배들이 많다.
그러나 내가 더 대우받는 건 '선점' 즉, 먼저 시작했기 때문이다.
모든 분야가 마찬가지라고 생각한다.
남들보다 먼저 시작하거나 남들보다 더 도약하거나, 둘 중 하나다.
그렇게 자기 스스로 자신의 브랜드를 만들어가야 한다.

女自 여자의 발견

우리 생활의 많은 부분을 차지하고 있는 인터넷. 우리에게 재미와 즐거움을 주며 하염없이 머물게 하는 인터넷 공간을 만들어가는 사람들은 어떨까? 정유진은 네이버로 알려진 NHN에서 일하는 웹 기획자이다. 이미 오래 전부터 실력 있는 웹 기획자이자 글잘 쓰기로 유명한 웹 칼럼리스트로서 긴터넷계에서는 유명한 인물이었다. 뜯소 친하게 지내는 선배의 소개로 알게 된 그녀는 지인들 사이에서도 스마트한 인물로 통한다.

정유진은 인터넷 1세대로서 차근차근 커리어를 쌓으며 웹 세상에 자신의 족적을 남겨왔다. 열심히 일하다 보니 어느새 관리자의 위치에 올라 실력 있는 후배들과 일하며 제2의 인생을 살고 있다는 그녀. '학문의 길은 끝이 없다' 는 말을 실감하고 여전히 노력하는 그녀의 직업인생부터 인생의 축소판이라는 축구와 격투기에 빠져 있는 그녀의 일상까지 정유진의 모든 것을 만나보자.

직 업 인 생 1 기 . 사 회 생 활 의 시 작 , 인 생 을 배 우 다

대학시절 정유진은 선배들의 '꼬임' 으로 연극 동아리 활동을 하며 새로운 세상을 만났다. 텍스트를 연기로 표현한다는 것이 새롭게 다가왔고 많은 사람들과 함께하는 작업이라 힘들었던 만큼 공동체 생활에 대해 배우며 즐거웠다. 그러나 재미를 느끼는 만큼 재능이 없다는 것도 알았다고….

"연극 동아리 활동을 통해 깨달은 것이라면 '자신이 할 수 있는 일, 잘할 수 있는 걸 해야 한다. 하고 싶다고 모두 할 수 있는 건 아니다. 해도 잘 안 되면 괜한 좌절감만 들 것이다' 라는 것이었어요. 그렇게 대학 4학년이 되어서야 연극이 아닌 진짜 내 길을 찾자고 결심했죠."

친구들이 취업 준비를 하고 있을 때 정유진은 연극에 빠져 지냈으니 앞으로의 일이 고민이었다. 모두가 매달리는 대기업 공채는 싫었다. 무언가 '창조적인 일'을 하고 싶었고 그때 방송작가가 눈에 들어왔다. 글쓰기 좋아하고, 인간의 삶을 표현하는 것이 어느 정도 연극과 비슷하다는 생각이 들어 휴먼 다큐멘터리 작가가 되어야겠다고 생각하고 방송아카데미에 등록했다.

"아카데미 수료 후 〈MBC 스페셜〉 취재 작가로 취업하게 되었어요. 연극과 문학을 경험했던 것이 많은 도움이 되었고 저와 잘 맞았어요. 힘든 게 있다면 방송에서 'NO'라는 말이 통하지 않으니 무조건 아이템을 찾고, 무조건 섭외해야 한다는 거였죠. 그렇지만 MBC라는 큰 틀 안에서 경험해보지 못한 세계를 접할 수 있어 행복했어요."

한 번은 명퇴자를 섭외해야 하는데 일 주일간 밤낮으로 전화했지만 욕만 먹고 퇴짜를 맞으며 울며 시간을 보내야 했다. 가뜩이나 명퇴로 힘든 사람들을 상처 주는 것 같아 '이건 정말 못하겠다'고 생각했는데 촬영 바로 전날 한 분이 흔쾌히 허락해주어 방송은 차질 없이 할 수 있었다. 이때 정유진은 많은 걸 느끼게 된다. 방송이라는 매체력, 영향력, 방송된 후의 쾌감 등은 아무리 힘들어도 그녀에게 재미를 주었지만 이렇게까지 해야 하나, 직업적인 측면에서 방송작가에 대해 다시 생각해보게 된 것.

"앞으로 몇 년을 더할 것인가, 얼마나 올라갈 수 있을까 등을 고민했어요. 방송작가라는 프리랜서 세계의 심한 경쟁, 고된 일, 적은 수입도 고민이었지만 메인 작가가 되기까지의 고행길, 또 메인 작가가 되었다고 모든 고민이 해결될 것인지도 걱정이었죠."

인생이란 좋은 게 있으면 나쁜 것도 있기 마련이니 작가로서의 고충만이 문제는 아니었다. 정유진의 고민은 앞으로 계속 해나갔을 때 얼마나 성공할 수 있나 하는 장기적인 직업으로서의 가능성이었다. 가능성이 없다는 결론을 내리고 2년 반 동안의 방송작가 생활을 그만두었다.

어떤 일을 하든 장기적인 직업으로서 고민하게 되는 시기가 온다. 결혼과 동시에 일을 그만둘 사람이라면 '일의 재미'에만 초점을 맞춰도 되겠지만 오랜 세월 직업인으로서 살아갈 결심이라면 지금 자신의 일을, 혹은 하고 싶은 일을 생각할 때 '일의 비전', '목표를 이룰 수 있는 가능성' 등을 고려해야 한다. 정유진 역시 일은 재미있었지만 미래를 맡길 수 있을까 고민했고 결국 다른 길을 가기로 한 것이다.

직업 인생 2기. 직업의 블루오션을 찾아 항해하다

일을 그만 두고 새로운 직업을 찾는 것은 쉬운 일이 아니었다. 할 수 있는 게 없으니 대학 4학년의 취업준비생과 다를 바 없었다. 일단 영자 경제 신문사에 들어갔다. 그러나 일을 시작한 지 며칠 되지 않아 금세 이건 아니라는 걸 알았다. 일하면서 당시 막 뜨고 있는 인터넷에 관심을 가지고 있었는데, 기자로 있어서인지 글을 써달라는 아르바이트가 들어오기 시작했다. 게다가 관심을 가지고 있는 인터넷 분야라 흔쾌히 수락했다.

"자리가 한정되어 있는 방송일은 하려는 사람은 많지만, 인터넷은 막 시작하는 단계라 일할 사람이 부족했어요. 한겨레 쇼핑몰에서 유명인 소장품 경매 글을 써주는 일이었는데 공부해가며 정말 열심히 썼죠. 신문사도 그만두고 글을 쓰다 보니 기획도 해보라 해서 자연스레 웹 기획자가 되었어요. 방송이 레드오션이었다면 인터넷은 블루오션이었던 셈이죠."

웹 기획자는 모든 걸 알아야 했다. 전반적인 인터넷 시스템 파악, 마케팅 능력, 창의적인 아이디어 등 많은 것을 필요로 한다. 공부해야 할 것들이 많았지만 이미 방송에서의 엄청난 노동량에 익숙해진 그녀가 아니었던가.

"HTML부터 전자 상거래까지 차근차근 공부하고 배워가며 일했어요. 정말 배워야 할 것들이 많았지만 내가 가야 할 길이고 '무언가 되겠다!' 미래를 읽었기에 힘들지 않았죠. 방송은 '진입장벽'이 높았지만 이제 막 시작된 인터넷은 내가 열심히 하는 만큼 앞서가는 것이었기 때문에 일하는 즐거움도 컸어요."

지금은 인터넷 분야도 레드오션이 되었지만 분명 인터넷 안에서나 밖에서나 또 다른 블루오션은 존재한다. 경쟁자가 많은 분야에서 피 터지게 싸우느니 차라리 새로운 분야에 도전하거나 개척자가 되는 것은 어떨까? 직업의 블루오션을 찾기 위해서는 항상 새로운 정보에 귀를 기울이고 모든 것에서 '가능성'을 볼 수 있어야 한다. 그리고 그 분야에서 전문가가 되기 위한 공부는 필수. 어떤 분야에서 1세대가 되는 것, 그 분야를 선점하는 것은 그 자체만으로도 인정받을 수 있다. 한 분야를 이끌어온 개척자이자 그 분야의 역사가 될 것이기 때문이다.

직업 인생 3기. 나의 또 다른 가능성을 발견하다

정유진은 열심히 웹에 대해 공부하며 일하며 배워가는 것들을 글로 남기고 싶었다. 자신이 공부한 것을 많은 사람들에게 알려주면 좋을 거라 생각한 것. 어디에 글을 쓰면 좋을까 여기저기 서핑하던 중 '아이비즈넷'에서 웹 칼럼리스트 모집 공고를 보게 된다. 주제 하나를 정해 글을 써서 지원서를 보냈고 다행히 반응이 좋아 웹 칼럼리스트로서의 첫발을 내딛는다. 코너 제목은 〈정유진의 e-비즈〉.

"돈은 받지 않았지만 반응이 정말 좋았고 저의 밸류를 높이는 기회였기에 한 번도 빼먹지 않고 업데이트했어요. 덕분에 인터넷상에서 인지도가 높아졌죠. 공부하며 썼던 글이라 지난 글들을 보면 너무 조악한 것들도 많았지만 그럴수록 더욱 열심히 공부하며 썼어요. 그렇게 1년간 열심히 썼더니 글에서 제 목소리가 느껴지기 시작하더라고요."

인터넷 업계에 진입한 지 1년, 정유진은 프리랜서 웹 기획자와 웹 칼럼리스트라는 직업은 가졌지만 이 일만으로는 성공할 수 없다고 생각했다. 다른 방법을 모색해야 했다. 방송의 매체력을 경험한 터라 인터넷에서 '나의 브랜드'를 만들어야한다 생각했고, 더 배우기 위해 '렛츠뮤직'에 입사해 발전의 기회로 삼는다. 회사에 다니면서도 칼럼은 계속 썼고, 서서히 이름이 알려지면서 2년 단에 책을 내자는 제안이 들어온다. 그것이 2003년에 나온 〈정유진의 웹기획론〉이다.

"열심히 공부해가며 썼던 칼럼들이었어요. 기존에 썼던 글을 수정하거나 보완해서 책으로 다시 썼죠. 그 책으로 '정유진'이라는 네임 밸류가 높아지게 됐고, 책을 내고 나니 다른 유명 사이트에서 글을 써달라는 제안들이 들어오기 시작하더라고요. 다시 프리랜서로 돌아가 내가 알고 있는 것들을 알려주고 싶다는 생각에 더 많은 글을 쓰고 강의도 했어요. 그러다보니 어느새 인터넷 전문가가 되어 있더군요."

정유진은 자신을 어떻게 발전시킬지를 아는 사람이다. 배움의 기회를 적극적으로 찾아가며 동시에 자신의 가치를 높이는 데 집중했다. 자신이 배운 것을 사람들에게 알려주려고 무보수로 칼럼을 썼지만 결국 출판의 기회가 생겼고, 그녀의 네임 벨류를 올려주어 더욱 굵직한 일을 하게 해주었다. 스스로 자신의 가치를 올릴 수 있는 방법은 무수히 많다. 정유진이 웹 기획자로서의 가치를 올리는 데 글 쓰는 능력을 발휘한 것처럼 저마다 끌어낼 수 있는 또 다른 능력들이 있고, 주변에 이용할 수 있는 것들이 많다. 블로그나 미니홈피의 글과 사진으로 유명인이 된 사람들을 보라!

직업 인생 4기. 다시 시작된 회사 생활

이름이 알려지면서 유명 사이트에서 활동하게 되고 좋은 프로젝트를 많이 맡아 진행할 수 있었지만, 정유진은 프리랜서로서의 한계에 부딪히게 된다. 대부분의 회사들이 적은 돈으로 많은 일을 시키려 했고, 본인이 완성한 프로젝트들이 남의 공으로 돌아갔으니 조직력의 중요성을 깨달았던 것. 바로 그 때 NHN에서 스카우트 제의를 받는다.

"NHN의 스카우트 제의를 받을 때만 해도 자신만만했죠. 그런데 면접하는 그 순간부터 다시 시작해야 한다는 것을 느꼈어요. '난 아무것도 아니구나, 정말 실력 있는 사람들은 여기 다 모여 있구나'라는 생각이 들더군요. 어려운 시절을 넘어 다시 네이버를 성공시킨 사람들, 정말 달랐어요. 면접 때 '그동안 한 일 중에 가장 성공한 일이 뭡니까?'라는 질문을 듣고 생각해보니 내세울 게 없더라고요."

아무리 능력 있고 감각 있어도 큰 조직 안에서 검증된 경험과 데이터

베이스는 따라갈 수 없다는 것을 인정해야 했다. 프리랜서로 일하며 어느 정도 전문가가 되었다고 생각했지만 NHN에 입사해서야 '적어도 그 분야에서 10년은 일해 봐야 전문가다'라는 말의 진의를 파악할 수 있었다고.

"내가 무엇을 했을 때 잘하더라는 것을 아직도 알아가고 있으니 저는 '과정' 중에 있는 거죠. 그 과정에서 '내가 잘 못하는 걸 더 노력해서 잘하게 할 거냐, 내가 더 잘할 수 있는 걸 더 열심히 할 것이냐'를 고민하게 되었고 저는 후자를 택했어요. 잘할 수 있는 일을 하니 더 잘되고, 잘되니 재밌고, 재밌으니 돈도 버는 거죠. 모두가 그런 일을 해야 한다고 생각해요."

전문가가 되고 싶다면 잘할 수 있는 것을 더욱 열심히 하는 것이 옳다. 멀티 플레이어가 될 필요는 없다. 그리고 누구나 성공을 향한 혹은 전문성을 갖추기 위한 '과정'에 놓여 있다. 한 가지 목표를 이루었다 해도 또 다른 목표가 생길 것이고 다양한 경험들을 하게 될 것이니 어쩌면 인생 자체가 과정일지도 모르겠다. 그러므로 하나를 이루었다고 자만할 것도 아니고, 조금 잘나간다고 안주해서도 안 된다. 세상엔 나보다 잘난 사람도 많고, 배워야 할 것도 해야 할 일도 끝이 없다.

NHN에서 만난 넥타이 맨 남자들의 머리에서 나오는 신선한 아이디어들에 놀라며 정유진은 또 한 가지를 깨닫는다. 그간 개성 있는 옷차림의 예술가나 문화인만이 창조적이라 생각했는데 '세상엔 창조적이지 않은 사람은 없다'는 것이다.

"예를 들면 세일링 포인트를 찾는 것도 창조예요. 최근 읽은 책 중에 '창조는 일상의 반복적인 삶 속에서 나오는 것'이라는 글귀에 크게 공감

한 적이 있어요. 저의 일상의 반복 중 가장 큰 것이 책을 내며 시작한 블로그예요. 칼럼과는 달리 블로그에서는 조금 경직되어 있던 제 글이 훨씬 자유로워지고 재밌어지기 시작했죠. 칼럼을 쓰며 업계에 대한 공부를 하고 능력을 키울 수 있었다면 블로그를 1년 정도 하며 그동안 몰랐던 '나'를 재발견하게 되었어요."

유난히 누군가에게 자신을 알리고 생각을 이야기하는 것을 좋아하는 것을 보면 정유진은 다분히 '미디어적인 인간'이다. 인터넷 칼럼과 개인 홈페이지, 그리고 블로그까지 그녀의 많은 생각과 지식들이 세상을 향해 열려 있다. 정유진은 블로그를 통해 글쓰는 것도 많이 늘었지만, 다양한 이야기를 다루다보니 생각의 폭도 넓어지게 되었고, 자연스레 일과 관련된 아이디어들도 떠오른다고 한다.

'창조는 일상의 반복에서 나온다'니 우리들도 일상 속에서 나만의 창조력의 원천을 찾아보자. 요즘 블로그나 미니 홈피는 무엇보다 훌륭한 자기 PR 수단이 되고 있다. 게다가 자신의 생각이나 의견, 일상을 정리하고 글로 표현하는 능력을 키워주니 정유진처럼 '미디어적' 체질이 아니더라도 블로그 활동을 열심히 해보는 것도 좋겠다.

"저는 지금까지 하고 싶은 것을 생각하고 준비하고 있으면 신기하게 기회가 왔어요. 준비하고 노력하고 있었기에 기회를 잡을 수 있었지만요. 그러니 마음속으로 원하는 것만큼 노력해야 한다는 것도 잊지 마세요. 서른 살 전까지는 나를 발견하는 과정이고 30대 이후에는 보다 분명한 플랜이 있어야 한다고 생각해요. 서른 살을 기준으로 삼는 것은 시간이 흘러야만 이룰 수 있는 것들 때문이에요. 그 나이가 되면 자연스레,

혹은 불현듯 알아버리게 되는 것들이 있죠. 그러니 차근차근 인생을 살아가며 나를 알아가고 그 과정에서 즐길 수 있고 개척할 수 있는 나만의 '블루오션'을 꿈꾸세요. 어쩌면 저는 지금까지 길찾기를 하고 있는지도 몰라요. '학문의 길은 끝이 없다'고 어느 교수님이 이야기했었는데, 사회생활을 할수록 끝이 없는 듯해요. 다양한 관심사가 있더라도 한 분야에서 일가를 이루고 무언가 해내려면 올인해야 합니다."

정유진이 푹 빠져 있는 축구 선수 박지성은 오로지 축구만 생각하고 축구만 한다고 알려져 있다. 심지어 쉴 때도 축구게임을 할 정도라고. 그리고 그의 힘은 끝없는 연습이다. 그렇게 한 가지만을 생각하고 하나만을 꿈꾸며 끝없는 연습으로 자신을 단련시켜온 무명의 선수는 대한민국의 희망을 넘어 세계적인 스타 플레이어가 되었다. 정유진이 박지성을 통해 '올인해야 한다'는 것을 깨달았듯이 당신은 정유진을 보고 생각할 것이다. 자신의 길을 찾았다면 그것에 모든 것을 걸고 차근차근 자신을 발전시켜가야 한다는 것을….

 Tip. IT 분야에서 일하고 싶은 이들을 위한 정유진의 조언

01: 인터넷에 대한 전반적인 지식을 갖춰라!
정유진이 처음 한겨레 쇼핑몰에서 일을 시작했을 때 제품 설명, 고객관리, 반품처리, 게시판 답변 등 혼자서 모든 것을 해내며 전반적인 업무를 파악하게 되었고 사람들이 웹에서 원하는 것이 무엇인지 알게 되었다. 기획자로서 인터넷의 모든 시스템과 카테고리의 중요성을 파악

하고 있는 것은 매우 중요하다. 그러니 경험 삼아 홈페이지를 만들어보거나 작게라도 쇼핑몰을 운영해보는 것도 좋은 공부가 될 것이다.

—

02: 숫자감각, 경제감각을 키워라!

세상의 모든 일은 숫자로 표현된다고 해도 과언은 아니다. 오늘의 방문자 수, 어느 배너를 통해 몇 %가 들어왔는지, 오늘 매출은 얼마인지 등 모든 것이 숫자로 나타난다. 심지어 연봉까지도 사람의 능력을 표현하는 숫자가 아니던가. 특히 남자들은 숫자에 강하다. 경쟁력을 갖추려면 이제부터라도 숫자감각, 경제감각에 신경써야 한다. 개인 홈피의 히트 수를 늘리는 방법, 스크랩 수를 늘리는 방법에 대해 생각해보는 것도 좋겠다. 그러다보면 자연스레 내 홈피를 방문하는 사람들의 심리를 파악하게 되고, 그것이 곧 고객관리의 기본이 될 수 있다. 스크랩 수가 곧 기업에서는 판매율이고 수입이니까.

—

03: 정보를 효율적으로 공유하라!

예전에는 정보를 누가 먼저 아느냐가 중요했지만 오늘날의 정보는 보다 많은 사람들이 알고 인정해야 가치가 올라간다. 이제는 정보 공유의 시대다. 정유진이 칼럼을 쓴 것, 홈페이지를 운영하고 블로그를 열심히 채워나갔던 것 모두 효율적인 정보 공유의 방법이다. 결국 많은 이들이 그녀의 정보를 공유해주었고 인터넷에서 이름을 알리게 되었다. 요즘 '잘 키운 블로그가 이력서보다 낫다' 는 말도 있지 않은가. 나의 정보를 효율적으로 정리하고, 알릴 수 있는 매체를 만들어보자.

—

04: 내 사람을 만들고 '팀' 을 꾸려라!

요즘 정유진의 화두는 '시스템 구축' 이다. '내가 일을 하는 게 아니라 그 일을 잘할 수 있는 사람을 모으고 시스템을 구축하고 관리하는 일' 이 중요하다는 것. 혼자 아무리 능력 있어도 팀플레이를 이길 수 없으니 '팀' 을 잘 갖추고 있느냐 없느냐가 능력이라는 말이다. 누구나 어느 순간 관리자 단계로 올라서는 전환점을 맞이하게 된다. 일반 사원이거나 팀원일 때는 내 능력이 오롯이 내 것이지만, 관리자가 되면 나의 팀이 곧 나의 능력이 되는 것. 자신의 능력을 키워가는 동시에 차근차근 내 사람을 만들고, '팀' 을 꾸려가야 한다.

—

경험과 노력이
쌓이고 쌓여
미래의 내가 된다

*

더리빙팩토리닷컴 대표 | **정 재 경**

1974년생. 대학에서 유아교육 전공. 잡지사 기자를 거쳐 뷰티 브랜드 홍보 담당, 웹사이트 기획자, IT회사 마케터 등 다양한 직종을 넘나들었다. IT회사에 근무하며 대학원에서 경영학 석사 취득, 2004년 독립해 리빙 용품 전문 회사 더리빙팩토리닷컴(www.thelivingfactory.com)을 론칭한다. 초기의 수입제품 판매 위주의 회사에서 종이테이프 제작을 시작으로 자체 디자인 제품 출시, 철제 가구 수입 등으로 아이템을 넓혀가며 회사를 키워가고 있다. 현재 자체 쇼핑몰 운영은 물론 1300K, 텐바이텐, 코즈니, 교보문구보장, 한샘인테리어 등에 입점해 있다.

경 험 과 노 력 이 *****
쌓 이 고 쌓 여
미 래 의 내 가 된 다

정.
재.
경.

더리빙팩토리닷컴 대표

평소 성공한 사람들의 자서전 읽는 것을 좋아한다.
책을 읽으며 그들에게서 '지독하게 노력한다'는 공통점을 발견했다.
하루하루 자기 절제를 통해, 시간을 절약하고 노력을 저축한 결과물이
성공으로 나타나는 것이다. 우리는 아직 젊다.
지금부터 그들처럼 차곡차곡 시간과 노력을 저금하면 어떨까?

女 自 여 자 의 발 견

정재경은 '똑 소리 난다'는 것이 무언인지 보여주는 인물이다. 10년째 그녀를 지켜봤는데 '항상 무언가 열심히' 하는 모습이었고, 만나면 늘 자신의 뉴스거리를 풀어놓느라 정신없을 정도로 바쁘게 산다. 그리고 늘 한발 앞선 판단과 선택으로 자신의 커리어를 쌓아갔다. 적지 않은 나이에 자신의 호사를 가지게 된 것 또한 자신만의 독특한 커리어가 기반이 되었을 터.

아직은 직원 수 다섯 명 이하의 작은 회사지만 아침에 눈을 뜨면 하루하루 늘어가는 주문에 웃음이 떠나지 않는다는 정재경. 처음부터 자신의 길을 알고 한우물을 판 케이스는 아니다. 오히려 무작정 세상과 부딪치며 자신에게 맞는 일을 찾아 좌충우돌한 경우라 더욱 들려줄 이야기가 많다. 열심히 사회생활을 하며 세상을 배웠던 20대, 그리고 자신의 길을 찾아 철저하게 준비하고 노력해 사업을 시작한 30대, 사무실을 큰 곳으로 옮기고 점포수가 늘어가는 회사를 바쁘게 운영하고 있는 현재까지 쉬지 않고 일하고 배우며 얻은 자기발견 일기, 노력한 만큼 많은 것을 터득하며 성공으로 달려가는 분주한 사회생활기를 들어본다.

익숙한 길, 낯선 길, 새로운 길…, 길 찾기는 계속된다

"대학 다닐 때 취업을 위해 노력한 건 없어요. 그 흔한 토플, 토익 시험도 본 적 없고 학점도 평점 3.0이 채 되지 않았거든요. 유치원 선생님이 되면 좋을 것 같아 유아교육과에 들어갔지만 재미가 없더라고요. 유일한 취미생활이 잡지를 보는 것이었는데, 매달 엄청 많은 잡지들을 보며 스크랩하고 줄쳐가며 읽고 기자 이름을 달달 외우고 심지어는 애독자 엽서를 열심히 써서 보내곤 했죠. 그러다 보니 자연스레 나도 잡지기자가 되어야겠다는 생각을 했어요. 열심히 보던 잡지사에서도 저를 알 만큼 유명한 독자였는데, 프리랜서로 일해보지 않겠냐는 제의가 들어왔고 졸업하면서 정식으로 취업이 되었죠."

대학 졸업 후 2년 정도 기자로서 원없이 많은 사람을 만나며 재밌게 일했지만, 누가 그랬던가 '좋아하는 일을 생계수단으로 삼지 말라'고. 일은 그저 일이 되어버리고 말았다. 매달 잡지 나오는 날 흥분되는 강도가 점점 줄더니 급기야 다른 일을 찾아 떠났다. 기자 시절 알게 된 화장품 회사의 홍보 담당자로 이직, 홍보일을 하며 처음으로 조직의 중요성, 돈을 벌기 위한 마케팅의 중요성을 깨닫게 된다. 그리고 좀더 마케팅에 대해 배워야 한다는 생각에 한창 뜨고 있던 IT업계로 눈을 돌린다.

"마케팅은 무형의 가치를 창조해 부가가치를 높이는 것이니, 호기심이 많은 제게는 '딱' 이었죠. 마케팅을 접하면서 난생 처음으로 전문가가 되고 싶다는 욕심이 생겼고 대학원에 진학해 본격적으로 경영학을 공부했어요. 대학입시 때도 흘려본 적 없는 코피까지 흘리며 유별나게 논문을 마무리했던 기억이 나네요. 처음엔 흥미를 느끼고 좀더 배워보고 싶어 다녔던 대학원에서 학부 때와는 달리 우수한 성적으로 석사 학위도 취득했답니다."

대학원 시절의 정재경은 그 어느 때보다 활기찼다. 그리고 인터넷 시장을 경험하기 위해 한 포털 사이트의 웹기획자로 일하다 모 IT 회사의 마케팅 부서로 몸값을 올리게 된다. 그 후 회사에서는 마케팅의 실제를 배우고 대학원에서는 이론을 배워갔다. 회사일과 학업을 병행하며 마케팅 전문가가 되기 위한 준비를 했던 것이다.

정재경은 서른 살이 될 때까지 사회생활 7년 동안 직업을 네 번 바꾸고 회사를 다섯 번 옮기고 나서야 제대로 된 자신의 길을 찾았다. 늦은 감이 있다고 조바심 낸 적도 있었지만 하나하나 세상과 자신을 알아가는 모든 과정을 즐겼다는 그녀. 살아 있는 경험을 해봐야만 자신을 발견해왔다는 것이다. 정재경은 그렇게 경험을 통해 '아니다' 라는 생각이 들 때, 과감하게 다른 일을 택하고 도전했다.

인생의 전환점, 준비된 자만이 터닝할 수 있다

"이직할 때 가장 중요하게 생각한 것은 현재의 직업보다 더 비전 있는 일을 할 수 있는지, 그렇지 않은지에 대한 것이었어요. 회사의 규모를 말하는 것이 아니라 얼마나 업무의 수준이 높아지고, 어느 정도의 결정권을 갖게 되나 하는 것들이죠. 저는 회사를 진득하게 오래 다니는 편은 못 되었지만, 좋은 조건으로 이직하기 위해서는 한 회사에 3년 이상 다닐 것을 권해요. 그래야 조직의 생리를 습득하는 데 도움도 되고요. 특히, 여자들은 조직 문화에 약한 편인데 사회생활을 하려면 조직 문화에 적응하고 버텨내야 하거든요."

정재경은 마케팅 전문가가 되기 위해 대학원에 진학했고 각종 세미나에 열심히 참석하는 것은 물론 다양한 기업들이 고객을 대상으로 펼치는 이벤트에 적극적으로 참여하며 순수하게 고객의 입장이 되어 다른 회사의 마케팅 사례를 체험했다. 사무실에 가만히 앉아서 일만 파면 능력 향상의 한계에 부딪치게 될 것이다. 정재경이 그랬던 것처럼 사방팔방 돌아다니며 경쟁업체와 세상 돌아가는 흐름을 파악하며 꾸준히 공부해야 한다. 스스로 나이와 연차, 직위에 맞는 능력을 갖추기 위해 노력해야 한다는 것도 잊지 말자. 나이나 경력이 많다고 연봉이나 직급이 올라가는 시대는 지났다. 철저하게 능력 위주로 세상은 변하고 있다.

"일하고 배우며 열심히 살다보니 어느 순간 힘이 들더라고요. 그래서 서른 살에 열심히 일한 제게 휴가를 주기로 했어요. 이제는 좀 쉬어도 된다는 생각이었지요. 쉬면서 재미 삼아 해외 출장이나 여행을 갔을 때 사온 물건들 사진을 미니홈피에 올렸어요. 그런데 친구들이 그 상품들을 팔라는 거예요. 그래서 옥션에 올려 한두 개 팔기 시작했는데, 이번엔 친구들이 수수료가 아깝다며 쇼핑몰을 만들라고 하더군요."

워낙 리빙 관련 잡지를 좋아해 한 달에 두 권 이상씩 보아서인지 제품을 보는 눈은 어느새 전문가 수준이었던 것이다. 그것이 시작이었다. 주변 사람들에게 조언을 구하니 리빙 용품 쇼핑몰을 여는 것에 모두들 긍정적인 반응이었다. 전혀 생각지도 못한 분야에 그간 갈고닦아온 마케팅 실력을 발휘할 때가 온 것이다. 정재경은 다짐했다. '어쩌면 이것이 내가 가야 할 길이었는지도 몰라! 그래, 해보자! 이왕 할 거라면 잘하자!' 라고.

취미가 직업이 되는 순간이었다. 직장생활로 복잡한 머리를 식혀주던 잡지 구독과 쇼핑이 돈벌이가 될지 누가 알았겠는가. 누구보다 '보는 눈'에 있어서는 자신 있었고, 외국에 가서 좋은 제품을 저렴하게 사오는 법도 잘 알고 있었고, 물건을 잘 파는 마케팅에 대해서도 전문가였기에 잘할 수 있다는 확신이 들었다. 취미생활도 제대로 하다보면 이런 행운도 오나보다. 인생의 중요한 전환점을 맞이했을 때, 누구보다도 준비된 사람이 되어 있어야겠다.

우연히 찾아온 제 3의 길, 창업으로 승부하다

이미 인터넷 쇼핑몰이 하루에도 몇 군데씩 생겨나고 사라지던 시기였다. 잘하면 대박이고 잘못하면 쪽박인 것. 정재경은 집을 사무실 삼아 준비에 들어간다. 이미 선점해 있는 곳과 제품 구성이 달라야 하기 때문에 일단 리빙 관련 디자인 제품을 팔고 있는 거의 모든 인터넷 사이트를 탐문한다. 사업 자금이 적고 혼자서 모든 것을 해야 했기에 홈페이지 제작과 전자상거래 공부도 시작한다. 출장을 떠나 쇼핑몰 오픈에 필요한 기본적인 제품 구성을 갖췄고, 물건은 반드시 세관을 거쳐 들어와 투명하게 판매하는 것을 원칙으로 했다. 사진 잘 찍는다는 소리도 들었던 터라 비용절감 차원에서 제품 사진도 직접 찍었고, 주문이 들어오면 예쁘게 담아서 보낼 박스와 포장법도 결정했다. 고객에게 감사의 마음을 표현할 'Thanks A Lot' 이라는 글자가 새겨진 스탬프까지 준비했다. 그렇게 고군분투 준비를 마치고 2004년 여름, 직접 만든 쇼핑몰인 더리빙팩토리닷컴을 오픈했다.

"제품의 수는 많지 않았지만 평소 직접 써보고 좋았던 제품들 위주로 구성하고, 살아 있는 사용 후기를 제품 설명에 써넣은 것이 좋은 반응을 얻어 오픈하자마자 작은 성공을 맞보게 되었어요. 저희 제품의 가장 큰 특징은 저와 소비자가 함께 공감한다는 거예요. 저의 취향과 고객들의 취향이 같았기 때문에 서로 할 이야기가 많았고, 쇼핑몰 오픈과 함께 만든 커뮤니티도 좋은 반응을 얻어 입소문을 타고 고객들은 점점 늘어나게 되었죠. 제품 사진을 찍을 때 소품으로 쓴 것을 사고 싶다는 고객이 생겨날 정도였어요."

정재경은 판매하는 모든 물건을 자신이 직접 쓰고 있을 정도로 '내가 먼저 쓰고 싶어야 한다'는 신조로 제품을 구성한다. 이 점이 많은 고객들에게 어필했고 판매자로서 누구보다 그 제품에 대해 잘 알기 때문에 고객들에게 신뢰를 줄 수 있었다. 다양한 취향의 고객들을 모으기보다는 자신과 취향이 같은 소수의 고객들에게 믿음을 주어 오랜 단골로 만들자는 것이 목표였고 창업 2년이 지난 현재, 그녀의 판단이 옳았음이 매출로 입증되고 있다.

절반의 성공, 다양한 경험이 빛을 발하다

고객들이 점점 늘어가면서 더리빙팩토리만의 제품을 직접 제작해보자 결심했고 어떤 게 좋을까 찾아보던 중 종이테이프를 발견한다. 한 사이트에서 일본 수출 재고품을 판매하는 것을 발견하고 제조사에 전화를 걸어 담당자를 만났다. 종이테이프에 관한 특허권을 가지고 있지만 국내 유통을 맡길 만한 회사가 없었는데, 물건 유통은 물론 제작까지 해보지 않겠냐는 제안을 받게 된다. 일단 판매 추이도 살펴보고, 주변 사람들의 조언을 듣고 나서 결정하려고 남은 물건만 받아들고 와서 쇼핑몰에 올렸다.

"아는 언니가 일본에 자주 가는데 갈 때마다 예쁜 테이프들을 사오던 기억이 났어요. 그래서 전화를 걸었죠. 예쁘게 만들기만 하면 무조건 다 산다고 하더군요. 한 번에 1만 개를 찍어야 하는데, 그게 다 팔릴까 하고 물으니, 자기 같은 사람이 1만 명은 넘을 거라더군요. 정말 힘이 났어요. 그래, 나의 첫 작품으로 종이테이프를 만들자 결심했죠."

조언을 구하는 사이 이미 쇼핑몰에서는 종이테이프가 대박을 터뜨리고 있었다. 일 주일 만에 천여 개가 다 팔렸고 유명한 온라인 디자인 숍에서도 입점 제의가 들어왔다. 더 이상 고민할 것이 없었고, 제조사와 바로 계약했다. 그리고 첫 제품인 구름 프린트 종이테이프 출시와 함께 1300K, 텐바이텐 등의 온라인 쇼핑몰에 입점하게 되었다.

구매 창을 띄울 때까지 긴장의 연속이었지만 결과는 대박이었다. 1300K와 텐바이텐에서 일 주일 만에 베스트 상품에 올랐고 그것을 계기로 교보문고, 한샘인테리어 등 더 많은 유통 업체와 계약했다. 지금의 더리빙팩토리닷컴을 있게 한 효자 상품으로 구름테이프 이후 다양한 종이테이프와 벽지까지 만들게 되었고, 멀티 펑셔널 매트까지 저작해 좋은 결과를 얻고 있다. 창업 1년이 채 안 되어 디자이너 영입은 물론 물류관리 등 직원 수도 늘어나게 된다.

정재경은 '실용적이고 저렴하며 디자인 좋은 제품만 제공한다'는 원칙을 세우고 지켜오고 있다. 원칙에 충실하니 인기가 올라가고 고객들의 신뢰도 두터워졌다. 이는 고객들의 마음을 잘 읽는, 스스로가 고객 마인드를 철저하게 갖고 있는 정재경의 힘이기도 하다. 새로운 제품을 소개할 때마다 긴장되어서 가슴이 타들어간다는 그녀, 하지만 대박 났을 때의 희열은 그 모든 고통을 감내할 수 있을 만큼 달다고.

"회사가 커질수록 더 많은 문제들이 매일 생겨나요. 고객들이 다양해지다보니 생각지도 못한 컴플레인들이 들어와요. 실컷 써놓고 맘에 안 든다고, 접착력이 약하다고 바꿔 달라고 해요. 고객이 어떤 불만을 피력하더라도 비용에 상관없이 그 고객이 '고맙다'는 말을 할 수 있도록 조치해요. 인정할 만한 실수는 당연히 백배 사죄하고 원하는 대로 처리하고, 인정할 수 없는 억지라도 최대한 친절하게 대하고 다 바꿔주는 거죠. 그런 대접을 받은 고객은 두 번 다시 거짓말 못해요."

지난 회사 생활을 돌아보면 고객을 최고로 생각하기보다는 권력 헤게모니에 얽혀 의사 결정권자의 의견을 따라야 하는 경우가 정말 많았는데, 그런 사회 조직의 아이러니를 겪지 않고 자신의 사업을 하며 생각한대로 고객을 대할 수 있고 배워온 것을 맘껏 펼칠 수 있어 지금은 너무나 행복하다는 그녀. 고객을 최우선으로 생각하는 그녀의 마음을 고객들도 느끼기에 단골들이 날로 늘어가나 보다.

"이제 진정 세계화 시대예요. 외국과의 거래가 늘어나면서 더욱 절감하고 있어요. 요즘엔 어떤 일을 하든 세계화 시대에 맞는 마인드와 어학 능력은 필수라고 생각해요. 영어가 유창하지 않더라도 배짱 좋게 의사소통을 시도해 결과물을 만들어 내기만 하면 돼요. 또한 일상생활에서도 '그게 되겠어?' 라고 말하는 것보다, '어떻게든 한번 해 보자!' 라는 긍정적인 생각이 중요하다는 걸 깨달았어요. 매사 '그게 되겠어?' 라고 생각하는 사람은 아무리 작은 일이라도 이루어내지 못합니다. '어떻게든 한번 해 보자!' 라고 입버릇처럼 말하고, 그렇게 행동해 보세요. 앞으로 많은 일들이 정말로 이루어지는 걸 경험할 거예요. 저는 성공한 사람들의 자서전을 자주 읽어요. 책을 읽다보니 그들에겐 '지독하게 노력한다' 는 공통점이 있더군요. 하루하루 자기 절제를 통해 시간을 효과적으로 쓰고, 노력을 저축한 결과물이 큰 성공으로 나타난다는 걸 알았어요. 아직 젊은 우리 세대부터 차곡차곡 시간과 노력을 저금하면 어떨까요?"

미국의 자기계발 전문가 샤크의 책 〈꿈을 이뤄주는 자기주문법〉에는 꿈을 이루기 위한 '마이크로 무브먼트Micro Movement' 가 나온다. 머릿속으로 생각만 하는 것이 아니라 꿈을 향해 하루 5분이든, 5초든 몸을 움직이면 언젠가는 그 꿈을 이룰 수 있다는 것이다. '할 수 있다' 고 말하는 것이야말로 가장 큰 효력을 발휘할 수 있는 마이크로 무브먼트가 아닐까? 정재경은 이왕 시작한 사업으로 성공해 보자고 마음먹고 생활 속 작은 습관마저 고쳐갔다. 긍정적으로 말하기, 감사하는 마음 갖기 등 마음의 습관은 물론, 아침에 일찍 일어나기, 30분 이상 책 읽기 등 생활의 습관을 바꿔간 것이다. 그녀를 보며 어떻게 마음과 생활을 잡아가야 할지 생각해보자.

·
·
·

 Tip. 정재경이 말하는 자기계발 노하우

01 : 30년 플랜을 세워보자!

2006년이 가기 전에 꼭 더리빙팩토리의 단독 매장 1호점을 내겠다는 그녀. 그게 다가 아니다. 그로부터 3년 후에는 해외에 수출하고, 30년쯤 후에는 우리나라를 대표할 수 있는 생활용품 & 가구 전문 회사로 성장시킬 계획이다. 30대라면 막연한 꿈을 꾸고 있을 나이는 지났다. 20대 청춘의 방황과 경험을 재산으로 구체적인 인생의 플랜을 세우고 그것을 위한 행동 개시의 시점까지도 생각해야 한다. 짧게는 1년, 혹은 3년과 5년 단위, 그리고 10년 후와 30년 후까지 장기적인 인생의 플랜을 세우자!

―

02 : 마음껏, 실컷 돌아다니자!

회사를 다닐 때는 정해진 근무시간에 집중해서 일하고 나머지 시간은 말 그대로 자기계발을 위해 썼다는 정재경. 대학원 공부나 경영 · 마케팅 · 소비심리학 관련 책 읽기 세미나 참여,

각종 기업의 이벤트 참여 등 늘 바쁘게 다니며 회사 외의 또 다른 세상을 배웠고 그것들이 차곡차곡 쌓여 사업에 하나둘 반영되고 있다. 모든 일을 앉아서 해결하려는 사람은 돌아다니며 많은 것을 보고, 듣고, 체험한 사람을 앞설 수 없다. 젊을 때 세상을 마음껏 경험하자!

03: 책책책! 책을 읽자, 만화책도 좋다!

잠잘 시간도 모자라는 정재경이지만 틈틈이 경영서, 자기계발서, 성공서 등의 책을 읽는 것은 잊지 않는다. 최근 자기계발을 위해 추가된 것이 바로 만화책 읽기라고. 창의적인 사람들을 보니 모두 만화를 좋아하기에 읽기 시작했단다. 리빙 제품 개발이라는 게 평범한 것을 혁신적으로 변화시키거나, 톡톡 튀는 아이디어로 포장하는 것이니 그녀에게 창의적인 아이디어는 필수다. 그래서 만화책을 보기 시작했고, 읽다보니 재미도 있다고.

04: 작은 습관을 바꿔 큰 일을 해내자!

자기 전에 30분 이상을 반드시 책을 읽는 정재경. 처음 습관들이기는 힘들었지만 어느새 한 달에 서너 권의 책을 읽게 됐단다. 이렇게 꾸준히 30년 동안 책을 읽으면 자그마치 1천 권이 넘는다고 한다. 작은 습관의 차이가 30년쯤 지난 후에는 절대로 따라 잡을 수 없는 '차이' 를 만들어내는 것이다. 일어나는 시간을 앞당기는 것도 그녀에게는 도전 과제였다. 30분씩 일찍 일어나는 연습을 통해 지금은 7시면 바로 눈을 뜬다고…. 일찍 일어난 만큼 남는 시간에는 가벼운 산책도 하고, 하루가 더 길어지고 활기차졌다고 한다. 인간은 적응력이 강한 동물이라 어려운 도전과제라도 자꾸 반복하다보면 자동적으로 적응하게 된다. 일단 시작하는 것이 중요!

05: 스트레스, 바로바로 해결하자!

정재경은 스스로 스트레스를 많이 받는 편이라 나름대로 해결책을 만들었다고 한다. 일단 스트레스 받는 상황을 인정한다. 다음은 잠깐 일을 멈추고 단순 업무에 집중하는 것. 쌓인 서류 정리, 전화번호 정리, 스케줄 정리 등의 단순 작업은 의외로 생각 없이 할 수 있는 일들이라 스트레스를 놀랄 만큼 줄여준단다. 자기만의 스트레스 해소법을 일찌감치 찾아두는 것이 필요하다. 정재경의 '단순 업무 몰입' 은 일도 처리하고, 스트레스도 줄이니 일거양득 아닌가.

나의 선택은
늘 용감했다,
꿈이 있었으니까…

푸르덴셜생명 라이프 플래너 | 채 송 아
*

1969년생. 대학에서 독문학 전공, 연합 광고 동아리 애드파워 2기 출신. J광고사 최종 면접에 떨어져 작은 기획사에서 카피라이터로 광고 일을 시작해 1992년 사장님의 친분으로 서태지와 아이들 '이미지 메이킹'을 맡게 되면서 엔터테인먼트계에 입문한다. 1996년 서태지와 아이들 해체 후 1년간 세계 여행, 돌아온 후 월드뮤직계 입사해 1년만에 그만 두었으나 서태지의 컴백을 알리는 양현석의 전화 한통으로 다시 서타지와 일하게 된다. 서태지가 6집 활동을 접고 떠난 후 불규칙한 일이 아닌 확실한 직업을 가져야겠다는 생각으로 라이프 플래너 되기로 결심, 현재 푸르덴셜생명 라이프 플래너로 활동 중이다.

나의 선택은*
늘 용감했다,
꿈이 있었으니까…

채.
송.
아.

푸르덴셜생명 라이프 플래너

누구나의 인생에는 세 번의 터닝 포인트가 온다.
나의 첫 번째 터닝 포인트는 서태지를 만난 것이었고
두 번째는 라이프 플래너가 된 것이다.
마지막 세 번째는 글을 쓰는 게 되지 않을까 싶다. '결혼'은 아닌 것 같다.
앞에 두 번의 기회는 우연히 찾아왔지만 모든 순간 '열심히 하자!' 생각했고
허드렛일 마다하지 않고 열심히 하니 또 다른 기회를 만들어주었다.
지금 하고 있는 일이 마음에 안 들어도 열심히 하다보면 다른 기회가 온다.
그 기회를 잡기 위해서 열심히 노력하며 스스로 달라져 있어야 한다.
그래야 우연을 필연으로 만들 수 있다.

女目 여자의 발견

지난 2000년 서태지가 컴백했을 때 처음 만났으니 채송아와의 인연도 올해로 7년째에 접어들었다. 처음엔 기자와 취재원의 스태프로 만났지만 통하는 것들이 많아 친한 언니 동생이 되었고, 이제 그녀는 나에게 최고의 인생 상담가이자 믿음직한 라이프 플래너다. 채송아를 알아온 지난 7년간, 내가 그녀에게 가장 많이 했던 말은 '이제 좀 주무세요'였다. 서태지와 일할 때는 워낙 불규칙한 일상이라 그랬지만 라이프 플래너가 된 후에도 전화를 걸면 항상 미팅중이거나 누군가를 만나기 위해 이동 중이었다. 심지어 새벽 2시에도 미팅중이라니 밥은 제대로 먹고 있나 싶을 정도로 막무가내로 일만 한다. 라이프 플래너가 된 후 어느 날 전체 랭킹 34위를 했다는 소식을 알려왔다. 그녀가 승승장구하고 있다는 소식은 기뻤지만 고생을 생각하니 마음 한 켠이 아렸다.

원래 채송아는 글을 쓰는 사람이다. 서태지와 일하며 초상권 관리, 팬클럽 관리 등의 일을 했지만 메인 업무는 사서함 글을 작성하고 서태지 음반이나 홍보에 필요한 문구와 글을 뽑아내는 카피라이터였다. 그녀의 글에는 언제나 감성이 짙게 묻어나 매번 감동의 눈물을 흘릴 정도였는데, 그런 사람이 전혀 다른 분야인 보험 영업을 하겠다고 할 때 솔직히 의아하기만 했다. 잘할 수 있을까 걱정했지만, 나이 서른셋의 그녀는 놀랍도록 투지를 발휘하며 숫자와 친해지더니 어느새 인정받는 보험 전문가가 되었다. 누구에게나 나만의 사연은 있다. 갑자기 인생의 항로를 급선회한 채송아의 사연, 그리고 성공 비결은 무엇일까?

광고와의 필연적인 만남, 그러나…

채송아는 고등학교 때 독일어 선생님의 영향으로 독일 문학에 대한 소녀적 감성을 키웠던터라 독문과에 들어간다. 하지만 대학에서는 독일문학이 아닌 어학에 집중된 커리큘럼이라 공부에 흥미를 잃고 만다. 공부에 흥미가 없어지니 열심히 놀러만 다녔고, 대학 3학년이 되어서야 하고 싶은 일에 대해 고민하기 시작했다. 그러던 중 친구 집에서 감동적인 일본의 광고 한편을 보게 된다.

"일본 TV도 처음 보는 것이었지만 그때 본 광고 하나가 제 인생을 바꾸어 놓았어요. 팩스 광고였는데, 한 부부가 팩스로 편지를 주고받는 거예요. 처음엔 전화로 하지 왜 팩스를 주고받나 했는데, 알고 보니 청각장애인 부부였어요. 최첨단 기계에 사랑의 따뜻한 감정을 싣다니! 감수성이 풍부했던 제게 그 광고는 경이로움 자체였죠. 그 순간 나도 저런 광고를 만들고 싶다, 만들 수 있겠다 생각했어요."

채송아는 광고인이 되자, 결심했고 그즈음 연합 동아리인 애드파워 2기 모집 광고를 보게 된다. 동아리 가입 경쟁률이 5:1일 정도로 인기였지만 당당히 합격해 활동을 시작했다. 일 주일 내내 동아리 사람들을 만나 토론하고, MT도 자주 가고 재미있게 광고를 익혔다. 온통 광고 생각뿐이었던 시절이었다. 여중, 여고, 여대를 다녀서인지 처음으로 남자들과 만나 공부하고 밤새워 토론하며 '남자들보다 앞서나가야겠다'는 의지도 다지게 됐다고….

대학 졸업을 앞둔 1991년, J기획사에서 주최한 대학생광고대상에 응모해 우수상을 받아 서류전형 면제 특전을 얻어 입사시험을 보게 되었다. 최종 3차 면접을 보면서 당연히 입사할 거라 믿었는데 결과는 낙방. 채송아가 지원한 카피라이터 파트에 한 명을 뽑았는데 붙은 사람이 광고주의 딸이라는 이야기를 그 회사에 다니는 선배에게 들었다. 채송아는 처음으로 사회의 쓴맛을 보았고 실력만으로는 안 되는 것이 세상이라는 걸 알았다.

취업 재수를 준비하고 있을 때 동아리 선배가 아르바이트라도 하라며 S기획사를 소개해주었다. 광고 마케팅 실무를 보조하는 일이었는데, 광고 실무에 대해 많은 것을 배웠던 시기다. 무엇이든 열심히 하는 모습이 윗사람들의 눈에 띄어 다른 회사의 카피라이터 자리를 소개 받았다. 소개받은 회사는 갓 문을 연 작은 회사였는데 조금 늦더라도 큰 회사에서 제대로 시작해야 하나, 작은 회사에서 보다 빨리 내 일을 맡아 함께 성장해 가야 하나, 고민이었다. 하지만 '기회는 내가 만드는 것' 이라 생각하고 입사를 결정했다.

"신생이라 주로 인쇄매체 광고를 많이 했는데 자꾸만 저의 카피가 잘렸어요. 저는 창의력에 집중한 카피를 썼지만 광고는 소비자에게 직면된 현실이었죠. 반응이 없을 수밖에요. 힘들었지만 '그래, 이렇게 배워가는 거겠지' 생각했고 뒤돌아보건 정말 그때 진정한 광고 카피가 무엇인지도 깨달았던 것 같아요."

서태지와의 인연, 새로운 직업에 도전하다

어느 날 서태지와 아이들의 개니저가 회사 사장님과의 친분으로 찾아왔는데, 그 매니저는 브로마이드를 펼쳐 보이며 그곳을 찾은 이유를 설명했다. 이 사진이 어떻게 보이느냐, 서태지가 나이는 어려도 이런 이미지는 맞지 않다고 다른 모습으로 이미지 메이킹을 해보고 싶어한다, 더불어 초상권 관리와 대외 홍보까지 맡아주면 좋겠다는 내용. 이미 뜰 만큼 뜬 스타라 회사에서는 일을 맡았지만, 직원들 모두가 어리둥절해 할 만큼 막막하고 생소한 작업이었다. 결국 사장은 가장 어린 채송아에게 떠넘기듯 그 일을 맡겼다.

"서태지 노래를 미친 듯 듣고 모든 기사를 모아 읽고 완벽한 준비를 끝내고 1992년 10월에 처음으로 서태지와 아이들 앞에서 브리핑을 했어요. 이미 대스타였지만 저에게는 프레젠테이션을 잘 해야 하는 고객이었죠. 회사 앞에는 팬들이 수두룩하게 와 있었고 그들의 함성이 들렸지만 오로지 프레젠테이션 생각밖에 없었어요. 서태지는 끝까지 경청하며 토론과 논의를 거치며 당시 가장 골칫거리였던 초상권 관리 문제와 팬클럽 관리 부분에서 큰 점수를 따서 프레젠테이션이 통과 되었어요."

그 후부터 채송아는 사진 하나 찍는 것도 미리미리 상의하고 준비해 서태지와 일하며 철두철미한 그의 프로 근성에서 많은 것을 배우게 된다. 함께 일하는 모든 이들이 서태지보다 나이가 많았지만 모두 그를 '존경'할 정도였다고. 연예인에 관심을 가져본 적이 없었지만, 서태지를 알아가면서 그를 좋아하는 팬들의 마음도 이해하게 되었다고. 서태지라면 좋아할 만한 가치가 있다, 생각했고 대중들의 마음을 이해하기 시작하니 글 한 줄을 써도 정말 정성을 쏟을 수밖에 없었다고.

"자연스레 광고 업무는 뒷전이 되었죠. 가끔 광고를 하고 싶다는 생각이 들었지만, 새로 뭔가 배울 수 있는 서태지와의 일을 그만둘 수는 없었어요. 그러던 중 회사 부도로 백수가 되었는데, 서태지 매니저에게서 전화가 왔어요. 지금까지 하던 일을 혼자서 계속 해달라고요. 저의 능력을 인정받는 순간이었죠."

그렇게 서태지와 아이들이 은퇴하는 1996년 1월까지 함께 일했다. 서태지와 일한 시간은 평생 잊을 수 없을 만큼 채송아에게는 특별한 경험이다. 스타를 좋아하는 대중들의 마음을 처음으로 이해하게 되었고, 진심으로 그들을 이해하니 진솔한 글이 써졌던 경험…. 그녀의 글은 서태지뿐 아니라 팬들에게도 감동으로 다가갔다. 아직도 그녀의 팬클럽이 존재할 만큼 채송아의 감동 어린 글은 당시 성장기에 있는 팬들에게 많은 영향을 미쳤다. 소비자를 이해하면 좋은 상품을 만들고, 좋은 광고를 만들고, 좋은 글을 쓰는 데 많은 도움이 된다. 스타의 팬들을 대상으로 일하는 채송아로서는 모든 일에서 팬을 먼저 생각했다. 이런 자세는 모든 것에서 팬들만을 생각하는 서태지에게서 배운 가장 값진 교훈이기도 하다.

글을 쓰고 싶다, 그래서 보험을 시작한다?

　서태지와 아이들이 떠나고 나니 어느새 채송아는 스물아홉이 되어 있었다. 그래, 그동안 열심히 일만 했으니 '나에게 휴가를 주자!' 결심하고 1년간 세계여행을 떠났다. 이미 업계에 이름이 알려져 오라는 회사가 많았기에 컴백에 대한 걱정은 없었다. 그래서 여행하는 내내 정말 자유롭게 즐겼고, 돌아와 월드뮤직에 입사했다. 업타운, 컨츄리꼬꼬, 샵, 이브 등의 홍보를 맡아 1년 반 동안 일했다. 그러나 그들은 서태지와 성향이 너무 달랐고, 일까지 힘들어졌다. 일에 대한 회의감이 들자가자 사표를 던진 그녀, '아닌 건 아니다' 라고 생각했다고.

　"회사를 그만두고 아버지에게 저의 신장을 이식하는 수술을 해야 했어요. 어느 정도 몸을 회복하고 아버지를 간병하고 있을 때 양현석 씨한테 전화가 왔죠. '송아야 올 것이 왔다. 태지가 온단다. 다시 올 거지?' 그 말뿐이었고 고민할 틈도 없이 '그래야지!' 대답하고는 바로 올라와 떨리는 마음으로 팬들에게 그의 컴백을 알리는 첫 사서함을 남겼어요."

서태지가 돌아왔을 때 예전 스태프들이 모두 다시 모였을 정도로 그에 대한 믿음과 신뢰는 여전했다. 모두가 오랜만에 만나 '서태지' 라는 이름 아래 정말 열정적으로 일했고 어느덧 그의 컴백 활동이 끝나고 휴식기에 들어갔을 때 다시 고민이 시작되었다. 활동이 끝나면 잠적기를 갖는 서태지의 스타일은 채송아의 미래에 불안을 느끼게 했고, 뭔가 결단이 필요했다.

30대, 전환점을 마련해야 했기에 마음이 절실했다. 무슨 일을 해야 할까, 노트를 펴고 생각나는 대로 쓰기 시작했다. 내가 가장 하고 싶은 것이 무엇이냐? 글을 쓰고 싶다. 어떤 글? 사람에 관한 글. 왜? 난 사람을 좋아하니까. 드라마를 쓸까, 소설이나 시나리오를 쓸까? 어쨌든 사람에 관한 글. 그런데 내 경험으로 얻어진 사람에 대한 이야기는 한계가 있다, 간접경험도 한계가 있다, 그렇다면? 지금부터라도 사람을 만나러 다녀야겠다. 어떻게? 더욱 많은 사람을 만날 수 있는 일을 하자. 그런 직업에는 어떤 것이 있을까? 사람을 만나면 돈이 드니 돈도 벌면서 다양한 사람을 만나는 일. 영업? 그래 영업이다! 영업에는 어떤 것이 있을까? 자동차, 제약, 화장품, 보험… 보험?

"맨 마지막으로 '보험' 이라 쓰고 나니 아버지 수술할 때 보험 혜택을 받은 것이 떠올랐어요. 보험 들 때는 아는 선배가 찾아와서 그냥 아무 생각 없이 들었는데 어려움이 닥쳤을 때 생각지도 못한 도움을 받았었죠. 그래, 내가 겪어봤으니 보험을 해 보자, 라고 마음을 굳히니 다른 영업들은 눈에 들어오지 않더군요. 선배를 만나 조언을 구하니 '여긴 남성조직이라 여자는 더욱 힘들다' 라는 말을 하더군요. '남자 세상' 이라는 말이 더욱 저를 자극했고 도전할 이유가 확실해졌어요."

늘 그랬듯 채송아는 결론을 짓자마자 바로 공부에 들어갔다. 대부분 숫자와 관련된 공부라 뼛속까지 인문계였던 채송아에게는 너무나 힘든 공부였지만 열심히 파고든 끝에 푸르덴셜생명에 입사했다. 그간 볼펜 한 자루 팔아본 적 없으니 보험 영업은 생각대로 어려웠다. 소비자들의 보험에 대한 인식이 안 좋은 것이 가장 힘들었는데, 입사 후 한 달간 교육받으며 스스로도 보험에 대한 인식이 바뀌었고, 그녀 자신이 바뀌니 자신감도 생겼다고.

"2002년 6월부터 영업을 시작했는데 월드컵으로 모두 들떠 있던 터라 사람을 만날 수가 없었어요. 그 와중에 20대, 30대 여자들을 주 고객층으로 공략해 새벽 두세 시까지 사람을 만나며 배운대로 열심히 일했어요. 그리고 처음엔 지인 영업이 대부분이라 낯 뜨거운 거절도 많이 당하고 모멸감도 느끼며 힘들었죠. 반면 저를 믿고 가입해주는 이들에게 고마움을 느꼈고 그들을 위해서라도 열심히 일해서 성공한 모습을 보여주자 결심했어요."

그렇게 열심히 밤낮으로 일한 결과 수습 3개월 동안 141건을 성사시켜 동기 52명 중 1등을 했다. 여자 중 최초의 '신입사원 챔피언'이 된 것. 그해 푸르덴셜 1천 7백 명 영업사원 중에서는 80등이었고, 2년 뒤에는 34등을 했다. 그리고 이제 톱 2%에 들기 위해 더욱 달려갈 생각이다. 그리고 그 목표는 언젠가 이룰 수 있을 거라 자신감에 차 있다.

나를 키운 8할은 '명예욕'이었다!

어떤 일이든 마음만 먹으면 잘 해내는 채송아를 보면 존경심이 절로 인다. 도대체 그녀를 그렇게 열정적으로 최선을 다하게 하는 것은 무엇일까? 채송아의 저력을 엿볼 수 있는 몇 가지 이야기를 소개한다.

"저는 명예욕이 큰 사람이에요. 누구든지 삶의 구심점이 있는데 어떤 이는 돈일 수도 있고 사랑이나 건강, 가족의 행복일 수도 있죠. 저는 '남의 이목'을 신경 쓰며 성장해왔던 것 같아요. 선생님한테 공부 못하는 아이로 기억되기 싫어 열심히 공부했고, 친구보다 못하는 게 싫어 노력했고, 부모님께 자랑스러운 자식이고 싶어 잘하려고 노력했고요. 단 한 번 만나고 말 사람도 1년 뒤, 10년 뒤에 우연히 만날 수 있어요. 언제 어디서 볼지 모르니 '좋은 이미지'를 남기려고 노력해요. 제가 워낙 사람을 좋아하고 잘 웃는 편이기도 하고요."

그녀를 열심히 살게 만드는 것은 바로 '좋은 이미지'를 남기고 싶은 욕구 때문이었다. 성공한 모습을 보이고 싶고, 좋은 사람으로 기억되고 싶어 노력한 삶이었다. 남의 이목 때문에 가식을 부린 것이 아니라 그저 좋은 인상을 남기고 싶었을 뿐이다.

채송아는 '좋은 이미지'를 만들기 위해 사투리를 고치면서 더불어 말하는 능력까지 얻었다고 한다. 서태지와 일할 때도 말을 많이 해야 했지만 보험 영업은 업무의 대부분이 '말'인 직업이다. 채송아의 말하는 능력은 후천적 노력에 의해 만들어진 것이다. 어떻게?

"글은 재밌게 써도 말은 조리 있게 못한다는 이야기를 자주 들었어요. 게다가 대학에 들어갔을 때 별명이 '상경이'였을 정도로 사투리가 심했죠. 입학 후 지방에서 온 아이들이 3명이었는데, 다른 2명은 금방 고쳐 서울말을 쓰더라고요. 그것이 자극이 되어 고치기로 굳게 마음먹었고 1학년 4월부터 신문을 받으면 사설을 펴서 하루에 소리 내서 30번씩 읽기 시작했어요. 그랬더니 거의 한 달 만에 사투리를 교정했어요."

사설을 읽으면서 사투리만 교정된 것이 아니라 논리력도 생겼다는 그녀. 워낙 감성형 인간이라 객관이나 논리에 약했는데 기승전결이 강한 사설을 읽으니 부족한 부분이 채워지고 조리 있게 이야기하게 되었다는 것이다. 논리적으로 생각하고 말하는 능력을 키우는 데 신문사설을 소리 내서 읽은 것만큼 좋은 방법은 없다고….

늦게 발휘된 승부 근성, 누가 말리겠는가!

올해로 보험 영업을 한 지 5년째에 접어든 채송아. 뒤를 돌아보면 '이 직업을 택하길 정말 잘했다!' 는 생각과 함께 승부 근성을 발휘할 수 있었던 것에 스스로 놀랍기만 하다. 승부 근성이 없었다면 영업일을 잘 해낼 수 없었을 것이라고 설명하는 그녀.

"솔직히 어려서부터 승부 근성이 없었어요. 그래서 승패가 나뉘는 스포츠를 싫어해요. 보험 영업할 때의 승부 근성은 숨어 있던 것이 아니라 제가 노력해 만든 겁니다. 나를 믿고 가입해주는 사람들의 눈빛을 보고 결심했어요. 말은 안 해도 그들 모두 '왜 이런 걸 하고 있을까, 집안이 안 좋아졌나, 배울 만큼 배운 사람이…' 하는 동정의 눈빛이었어요. 성공해서 그 눈빛을 거두자 결심했고 영업 천재가 되려면 저 스스로 승부 근성을 만들어야 했어요."

우리는 살면서 '제가 원래 욕심이 없어요, 모험을 싫어해요, 끈기가 없어요' 등등 '제가 원래 그래요'라는 말을 자주 한다. 그러나 살다보면 그 일을 해내기 위해 없는 능력도 발휘해야 할 때가 있다. 원래 없는 게 아니라 우리의 잠재력 속에 숨어 있는지도 모른다. 필요한 건 끌어내고 걸림돌이 되는 성격은 바꾸면 된다. 그 일을 하기 위해서 변해야 한다면 없는 성격도 만들어낼 수 있을 만큼 노력해야 한다. 이건 이래서 못하고, 저건 저래서 여기까지가 한계고, 이건 이래서 포기할 수밖에 없다면 세상에 할 수 있는 일이 있을까?

"우리 지점에 2년간 푸르덴셜 전체 챔피언인 사원이 있었어요. 그를 보며 '내가 저 사람보다 못하는 게 없는데 왜 나는 챔피언이 안 될까' 하고 승부 근성을 불태우며 2년간 그를 지켜보면서 확실한 이유를 알았어요. 그는 저보다 더 많은 거절을 당하며 '큰 고객'을 유치하기 위해 더 큰 세계를 돌아다니더라고요. 그에게는 눈물 나는 스토리가 정말 많아요. 반면 저는 쉬운 영업만을 하고 있으니 따라갈 수 없는 게 당연하죠. 영업은 경험 비즈니스예요. 자주 거절 당하다보면 '왜'인 줄 알게 되고 그러면서 거절 횟수를 줄여가는 거죠."

성공한 사람들은 남들보다 더 힘든 과정을 겪는다. 결과만으로 사람을 평가한다고 세상이 냉정하다 불만인 사람도 있겠지만, 그 결과는 절대 그냥 얻어지는 것이 아니다.

채송아와 카페에 앉아 있으면 다른 영업사원들이 알아보고 인사를 할 만큼 이제 보험 영업계에서도 유명 인사가 되었다. 그래서 좋은 조건으로 스카우트 제의도 많지만 그녀는 절대 회사를 옮기지 않을 것이다.

"제가 저의 고객들에게 줄 수 있는 건 이 회사에서 그들의 LP로서 오래도록 남아 있는 거예요. 중간에 담당자가 바뀌면 아무래도 덜 신경 쓰게 되겠죠. 외국에는 자신의 고객을 자녀들에게 넘겨주는 경우도 있어요. 그렇게까지는 못하더라도 오래도록 나를 믿고 가입한 고객의 충실한 LP로 남고 싶어요. 그만큼 이 일이 좋아요."

40대 중반이 되면 체력 상 필드 영업은 힘들 것이다. 그때쯤이면 자신의 사무실을 내서 고객들이 찾아올 수 있게 하고, 그들의 재정관리며 보험관리를 해주며 살고 싶은 게 채송아의 바람이다. 그리고 그때쯤이면 그동안 만난 많은 사람들의 이야기가 쌓여 있을 것이다. 그것을 가지고 보험 영업의 애초 목표였던 '사람에 관한 글'을 쓸 수 있을 것이다.

"첫 고객부터 일지를 일기 형식으로 상세히 기록하고 있어요. 보험 이야기가 끝난 후부터는 서로의 이야기가 이어지죠. 대부분의 고객이 70년대, 80년대 생들로 저보다 어린 여자들이 많기 때문에 인생 상담을 해오곤 해요. 대부분이 직장에 대한 불만, 이직에 대한 고민, 새로운 일에 대한 호기심 같은 것들이죠. 걱정도 많고 사회생활을 오래 했어도 여전히 두려움도 많아요. 만나는 사람이 많다보니 저의 경험을 더해 다양한 이야기를 해줄 수 있고 저로 인해 생각이 많이 바뀌었다는 이야기를 들으면 정말 뿌듯해요."

지금 이 책을 읽고 있는 많은 독자들도 채송아로 인해 생각이 많이 바뀌었을 것이다. 기회를 얻기 위해 매순간 열심히 살아야 한다는 것도 알았고, 대중들의 마음을 진심으로 이해할 수 있도록 노력해야 한다는 것, 때로는 하고 싶은 일을 위해 성격도 바꾸어야 한다는 것도 알았다. 이제 바로 하나하나 실천에 들어간다면 앞으로 많은 것들이 달라질 것이다. 인생의 선배 같고 유능한 라이프 플래너가 필요하다면 채송아를 추천하는 바이다.

"누구나의 인생에는 세 번의 기회가 온다고 해요. 그 순간을 터닝 포인트라 부른다면 저의 첫 번째 터닝 포인트는 서태지를 만난 것이었고, 두 번째는 푸르덴셜 생명에 입사한 것이죠. 마지막 세 번째는 글을 쓰는 게 되겠죠. '결혼'은 아닌 것 같아요. 앞에 두 번의 기회는 우연히 찾아왔어요. 매순간 내게 주어진 일에 '열심히 하자!' 생각했고 힘들어도 허드렛일 마다하지 않고 열심히 했더니 그것이 또 다른 기회를 주었죠. 지금 하고 있는 일이 딱 내 일이다 싶지 않아도 열심히 하다보면 다른 기회가 올 거예요. 그때 그 기회를 잡기 위해서라도 달라져 있어야 해요. 우연은 운이 좋아서 오는 것이 아니라 필연이기 때문에 오는 것이죠. 당시에는 우연이라 생각했던 것이 지나고나니 필연이었고 '무엇이든 열심히 하자!' 라는 마음가짐이 우연을 필연으로 만들어주었던 것 같아요."

구체적인 방법들이 수없이 많겠지만 성공으로 가기 위한 가장 핵심적인 노하우는 교과서 얘기처럼 들리겠지만 '열심히 하는 것' 뿐이다. 내게 주어진 모든 순간 열심히 배우고 익혀야 능력 있는 사람이 되고, 그렇게 준비하고 있어야 우연히 찾아온 기회를 필연으로 만들 수 있다. 그 누구보다 열심히 살고 있는 채송아의 사회생활기를 통해 나는 얼마나 '열심히' 살았나 돌아보자. 당신의 '열심히'와 그녀의 '열심히'는 같은가? 다른가?

인생은 늘 새롭다
극복할
과제가 있으니…

국제 NGO 활동가 · 풀꽃평화연구소 연구원 | **천 샘**

1977년생. 중학교 때 외고 시험에 떨어져 한 달간 부모님을 설득해 미국으로 유학을 떠났다. 그곳에서 3년간 미친 듯이 공부해 대학 진학, 동양인으로서는 드물게 고대문학을 전공한다. 22세 때 언니의 사고로 귀국, 28세까지 세계를 여행하며 방황한다. 여행을 하며 지구촌은 좁다는 것을 깨닫고 세상을 위해 할 수 있는 일을 찾으며 풀꽃평화연구소에서 활동가 생활을 시작, 국제 NGO로서의 활약을 위해 대학원에서 국제협력을 전공했다. 아름다운 세상을 위해 보이지 않는 곳에서 열심히 NGO 활동 중이다.

인 생 은 늘 새 롭 다 *
극 복 할
과 제 가 있 으 니 …

천.
샘.

국제 NGO 활동가 · 풀꽃평화연구소 연구원

하늘은 스스로 돕는 자를 돕는다! 최근에야 이 말을 이해하게 되었다.

자아도취와 자신을 사랑하는 것은 너무나 다르다.

마음에 안 드는 나의 모습이 있다면 스스로 채찍을 들 수 있어야 한다.

이것이 바로 스스로를 돕는 것이다.

나를 위해 최선을 다하는 것이 스스로를 돕는 것이다.

자신을 미워하지 말자. 그러면 자신을 제대로 볼 수 없다.

나의 단점, 상처를 묻어두고 마음에 닫아두면 평생 아킬레스건처럼 작용한다.

문제가 있으면 부딪혀서 극복해야 한다.

나를 봐야 남을 볼 수 있고 나를 바꿀 수 있어야 남도 바꿀 수 있다.

천샘처럼 예쁜 사람을 만난 적이 없다. 물론 외모를 이야기하는 것이 아니다. 천샘은 누구에게나 활짝 웃어줄 줄 아는 마음을 지녔고, 세상을 바라보는 따뜻한 시선을 가졌으며, 재미있고 유쾌하게 자신을 표현할 줄 아는 능력을 가졌다. 지인을 통해 그녀를 처음 알았을 때 이렇게 예쁜 아이가 또 있을까 생각했고, 그녀의 길었던 지난날의 방황을 만나고 나서는 더욱 그녀가 예쁘고 소중해졌다.

성인이 된 후 6년이라는 긴 세월을 세상을 떠돌며 보냈지만 결국 그녀는 자신에게 아픔을 준 세상을 향해 웃을 수 있는 사람으로 돌아왔다. 방황이 길었던 탓에 느즈막히 미래를 준비하게 되었지만, 천샘의 이야기를 만나고 나면 왜 그녀를 소개하고 싶어졌는지 이해하게 될 것이다. 그리고 내가 그랬던 것처럼 그녀가 참 예쁘다는 생각을 하게 될 것이다.

생각이 분명했던 아이, 스스로의 길을 찾아 떠나다

세계를 무대로 한 천샘의 꿈은 중학교 시절에 시작되었다. 문화 예술을 사랑하는 집안 분위기상 어릴 때부터 그림 그리고 무용을 배웠는데, 그림이나 무용으로 대학을 가라는 게 너무나 싫었다. 유난히 조숙하고 반항적이었지만 있는 그대로 문화 예술을 즐기고 싶은 천샘에겐 부모님의 그런 기대가 부담으로 느껴지기까지 했다고. 그래서 다 그만두고 공부만 열심히 했는데 준비하던 외고 시험에 떨어지게 된다. 가고 싶은 고등학교도 못 들어갔으니 더 이상 서울에 머무를 필요가 없었다. 그래서 한 달간 부모님과 논쟁해 미국 뉴욕으로 유학을 떠난다.

"조기 유학생이라 하면 소수만이 누리는 부유층의 전유물이고 대부분 음악, 미술 등을 배우는 실정이었어요. 저는 그들과 똑같이 보이는 게 싫어서 유학을 가서는 공부만 했어요. 3년 동안 미친듯이 공부만 하니 영어를 잘할 수밖에 없었죠. 드디어 대학에서 공부하고 싶었던 고대문학을 전공할 수 있게 되었어요. 현지 아이들도 힘들어할 만큼 어려운 학문이었지만 라틴어와 희랍어를 읽고 해석하는 것이 너무나 재미있었어요. 고대문학을 배우고 있으니 한국에 들어가 할 일이 없을테고, 미국에서 살자는 생각을 굳혔죠."

어릴 적부터 자신이 좋아하는 것이 무엇이고 삶에서 원하는 것이 무엇인지 천샘만큼 확실히 알 수 있다면 좋겠지만 그러기가 어디 쉬운가. 그러나 무엇이 가장 좋은지는 헷갈려도 대부분 싫은 것은 분명하다. 싫은 것을 싫다고 말하고 거부할 수 있는 것도 중요하다. 좋은 것만 하며 살기도 짧은 인생인데 부모님이 원한다고 해서 싫은 것을 붙잡고 있을 필요는 없다. 어린 시절의 이야기가 아니다. 성인이 되어서도 우리는 부모님과 주변의 기대에 맞게 살려고 노력한다. 싫으면 거부해도 된다는 것을 명심할 것. 누구에게나 자신의 인생을 스스로 선택할 권리는 있다.

세상에 대한 증오 대신 사랑을 품어 안다

대학생활을 즐기고 있던 어느 날, 서울 집으로부터 청천벽력 같은 소식이 날아온다. 일 주일 만에 모든 것을 정리하고 들어와야 하는 상황이었다. 천샘의 인생을 송두리째 바꿔놓은 사고는 바로 화재로 인한 언니의 죽음이었다. 건축법을 어기고 지은 집들 때문에 소방차와 구급차가 들어오지 못해 살 수도 있던 언니가 죽었다는 이야기를 듣고 뼈저린

슬픔에 세상과 사람에 대한 증오까지 더해졌다. 그리고 천샘의 긴 방황이 시작되었다. 마음의 공황 상태가 이어져 무작정 여행을 떠났다. 방황과 고민, 여행은 6년 동안 이어졌고 정신을 차리고 보니 학교는 졸업해야 할 것 같아 미국으로 돌아가 학업을 마치고 다시 한국으로 돌아왔다.

"대학은 졸업했지만 서울에서 다시 시작해야 했어요. 언니를 죽음으로 몰고 간 것이 사람들의 잘못된 인식이라는 생각이 들어 사회운동을 해야겠다 마음먹었죠. 그래서 환경운동을 하는 풀꽃평화연구소에서 활동가로 일하기 시작했어요."

처음엔 소방도로에 차를 주차시킨 사람들이 미웠고, 증오는 세상 전체로 번져갔지만 긴 방황을 통해 깨달은 것은 용서해야 한다, 함께 사는 세상이니 사람들의 인식을 바꿔야 한다는 것이었다. 그렇게 시작한 환경단체에서의 활동은 많은 것을 가르쳐주었고, 사회운동을 계속 하기 위해서는 공부를 해야 한다는 결론을 얻었다. 그래서 여행을 하며 생각했던 국제 NGO를 목표로 삼고 국제협력 석사 과정에 입학했다.

천샘은 늘 공부의 중요성에 대해 이야기한다. 워낙 공부 자체를 좋아하는 그녀지만 세상 모든 일이 '사람의 마음을 움직이는 일'이기에 언제나 상대보다 많이 알아야 하고 사람과 세상을 바꾸기 위해서 항상 공부를 해야 한다는 것. 공부로 인해 스스로의 영혼이 살쪄가는 매력은 덤이라고. 가장 좋은 공부로 책 읽기를 권한다. 이런 그녀의 생각은 싸이월드 클럽 '2030 여자 이야기' 북클럽을 이끄는 것으로 실천해가고 있다.

"집안의 시련을 겪기 전에는 뭘 해도 걱정이 많은 스타일이었는데 이제는 '다 잘 될 거야' 하는 여유로운 스타일로 바뀌었어요. 서울에 와서 어떻게든 적응해야 했으니 '잘 될 거야'라 주문을 외우게 되었죠. 그러다보니 정말 다 잘되는 것 같아요. 항상 내 마음이 움직이는 대로 선택했고 내 선택에 책임을 져야 한다 생각해왔어요. 까짓것 책임지면 되는 거죠. 열다섯 살 때 유학을 가겠다고 결정했을 때부터 자연스레 다져온 '책임감 트레이닝' 덕분이기도 해요."

A와 B라는 길 중에서 천샘은 A를 택했다. 그러니 A에 대해 책임감 있게 살아가면 될 것이었다. 그 책임감 덕분에 방황을 끝내고 학교로 돌아갔을 때도 열심히 공부했고 차석으로 졸업하는 결과도 얻었다. 작게든, 크게든 성공하기 위해서는 얼마나 자신이 벌인 일에 책임을 지고 있는가를 생각해야 한다. 좋든 싫든 내가 한 선택이니 책임을 져야 하고, 그러다보면 어떤 선택 앞에서도 신중한 자세를 가지게 될 것이다.

6년의 여행, 그 길에서 만난 국제 NGO의 꿈

"헝가리에서 만난 사람들은 굉장히 가난하지만 모두 행복한 얼굴이었어요. 우리나라 사람들을 떠올리니 상대적으로 행복지수가 낮다는 것도 느꼈죠. 그래서 사회운동을 해야겠다고 마음먹었어요. 더불어 점점 좁아지는 지구촌을 경험하다보니 국제 NGO 일을 하고 싶다는 생각이 들었어요."

풀꽃평화연구소에서의 경험이 국제 NGO에 대한 꿈을 더욱 확실하게 해주었다. 그래서 국제협력 석사 과정에 들어갔고 졸업을 눈앞에 두고 있다. 이제 외국에 오래 살았던 경험과 능숙한 영어 실력, 오랜 시간 여행에서 배운 것, 대학원에서 배운 것 모두를 모아 국내기관의 국제 NGO로서 지구촌을 위해 일할 것이다. 그 작은 실천의 하나로 천샘은 어머니와 함께 몇 년 전부터 월드비전을 통해 몽골과 아프리카 아이들을 후원하고 있다.

"가끔 우리나라 아이는 왜 후원하지 않느냐는 질문을 받는데, '우리나라 아이들은 빈곤으로 목숨을 잃지는 않지만 아프리카 같은 곳은 기본적인 생존 문제의 위협으로 죽기도 하니까' 라고 답해요. 몽골이나 아프리카에는 후원 중에 죽는 아이들도 있어요. 그래서 더욱 그쪽으로 마음이 가요. 우리가 잘 살아서 돕는 것이 아니라 지구 전체가 함께 살아야 하니까 돕는 거예요. 앞으로 빈곤, 전쟁, 인권유린 등 세계적인 이슈들을 알리고 도울 수 있는 일을 하고 싶어요."

세상은 하루하루 험해지고 모든 관계들은 점점 삭막해져간다. 사람들은 무언가로 인해 나쁜 영향을 받으면서도 모르고 있는 경우가 많다. '아, 이게 잘못된 거구나' 라는 문제를 인식하면 그에 맞는 자연스러운 대응 행동을 하면 되는 간단한 일인데 말이다. 우리나라도 이제 선진국 대열에 들어섰으니 '사회운동' 이 자연스럽게 확산될 만도 한데, 의식과 행동 사이의 부조리가 만연해 있다.

"어떻게 하면 내 주변과 사람들과 세상을 바꿀 수 있을까 항상 고민해요. 감수성에 호소해야 한다는 결론에 도달하는데, 그러려면 제가 먼저 열려 있어야 하죠. 부족함을 느낄 때마다 '공부' 해야겠다는 생각을 해요. 그나마 시민단체 사람들이 박봉에 잠 못 자며 일하고 있으니 세상이 좀더 나아질 수 있을 거라 믿고요. 언젠가 저도 도와야죠."

천샘의 꿈은 휴머니스트로 사는 것이다. 이미 꿈을 이룬 삶을 살고 있지만 진정한 휴머니스트가 되기 위해서는 할 일이 너무 많다고. 솔직히 자발적 의식으로 자발적 참여를 하고 싶어도 그 방법을 모르는 사람들도 많다. 한 달에 5천 원을 후원하면 아프리카 아이 한 명이 한 달 동안 굶지 않는다. 인터넷 검색창에 월드비전을 치면 홈페이지 주소가 나온다. 검색하는 순간, 자발적 참여가 이루어지는 것이다. 어려운 건, 당신의 마음을 여는 것이 아닐까.

"하늘은 스스로 돕는 자를 돕는다! 최근에야 이 말을 이해하게 되었어요. 자아도취와 자신을 사랑하는 것은 너무나 다릅니다. 자신을 미워하지 마세요. 마음에 안 드는 나의 모습이 있다면 스스로 채찍을 들 수 있어야 해요. 이것이 바로 스스로를 돕는 거예요. 나를 위해 최선을 다하는 것이 스스로를 돕는 거예요. 자신을 미워하면 자신을 제대로 볼 수 없어요. 나의 단점, 상처 등 모든 것을 묻어두고 마음에 닫아두면 평생 아킬레스건처럼 작용합니다. 문제가 있으면 부딪혀서 극복해야 해요. 나를 봐야 남을 볼 수 있고 나를 바꿀 수 있어야 남도 바꿀 수 있어요. 집안일로 꿈을 접었을 때 울고 싶었지만 가족들이 걱정할까봐 울지도 못했어요. 학교를 휴학하고 현실에서 도피해 여행을 다니면서 아무도 없는 곳에서 1년간 울기만 했어요. 울면서 상처는 줄어들었고 그러면서 저를 제대로 보게 되었습니다. 그리고 다시 시작하게 된 거예요. 내 마음을 움직여서 먼저 베풀고 다른 사람을 움직이자 생각했어요. 누굴 도와주는 것도 그들이 불쌍해서 돕는 게 아닙니다. 잘 생각해 보세요. 도움을 줌으로써 내 기분이 좋아지니까 돕는 거예요. 그것 또한 스스로를 돕는 거죠."

자기 자신의 모습을 제대로 보기 위해 실제 거울 속의 나를 들여다보기를 권한다. 거울 속으로 보이는 내 모습에서 외모의 장단점만 보이는 것이 아니다. 물끄러미 거울 속의 나를 보고 있으면 내 얼굴에는 나의 모든 것이 담겨져 있다. 못된 성격이 튀어나오기도 하고 고쳐야 할 점들이 보이기도 한다. 생각들이 바뀌면 생김새도 바뀐다 했던가. 자신을 사랑하도록 노력하자. 그러던 더 사랑스러운 내가 되기 위해 예쁜 짓만 하게 된다. 그러면 정말 예쁜 사람이 된다. 천샘처럼 예쁜 사람, 바로 당신일 수도 있다.

.
.
.

😺 Tip. 건강한 마음을 위한 천샘만의 비법 공개

모든 병은 마음에서 온다고 했던가. 그러니 몸과 마음을 함께 다스릴 수 있는 자기만의 비법을 가지라는 것이 천샘의 조언! 마음을 다스리는 방법으로 '춤' 을 택한 그녀의 스토리를 들어보자!

—

"내가 내 몸을 다스리게 되면 정말 많은 것을 다스리게 돼요. 무용을 할 때 동작을 잘하기 위해서는 몸의 습관을 고치게 되고, 그것이 몸을 다스리는 거죠. 그러다 보면 어느 순간 스스로 나를 억압하는 것을 알게 돼요. 방황할 때 그림을 그려보았지만 마음이나 몸의 고통은 해결되지 않았어요. 그러나 무용을 하며 몸을 움직이니 머릿속에 담긴 생각을 덜어내는 데 효과가 있었어요. 머리에게 숨 쉴 공간을 만들어준 거죠."

—

스트레스, 우울함, 불안감 등 모든 정신적 고통으로부터 벗어나기 위해 내게 맞는 운동을 하며 몸을 움직여보는 것도 좋겠다. 몸을 움직이면 몸에 집중하게 되고 마음의 잡념을 잊게 된다. 몸을 다스리고 마음을 다스리게 되견 그만큼 세상을 보는 시선도 달라진다. 무용을 통해 몸과 마음을 다스리게 된 천샘처럼 여러분도 자기만의 비법을 개발해보자.

—

개인적으로 라틴댄스를 배워보라고 권하고 싶다. 예전에 라틴 클럽에 간 일이 있는데 그때 보았던 사람들의 행복한 미소를 잊을 수가 없다. 자유자재로 스텝을 밟으며 행복하게 웃는 그들, 몸을 다스리게 되니 마음 또한 다스리게 된 것 아니겠는가. 춤이 아니더라도 몸과 마음을 다스릴 수 있는 나만의 힐링 프로그램들이 있을 것이다. 땀 흘리며 운동하기, 명상과 함께 요가하기, 맑은 공기 마시며 등산하기, 여행과 함께 사진 찍기, 그리고 짬을 내서 할 수 있는 자원봉사까지 그 세계는 무궁무진하다. 나의 마음을 편안하게 다스릴 수 있는 저마다의 비법을 찾아보자.

—

나를 둘러싼 사람들이 학교이고 선생님이다

*

공연 기획자 | **최 민 희**

1975년생. 고등학교 졸업 후 병원 의국사무실에 근무하며 예술학교에서 행위예술 공부. 록 음악에 빠져 한때 밴드에서 드러머로 활동하며 공연 진행 아르바이트를 통해 공연 기획자로서의 꿈을 키웠다. 2000년 밴드 '디아블로'의 매니저로 일하던 중 협찬사였던 의류회사 홍보탑에 스카우트, 그곳에서 스타 마케팅을 배운다. 2003년 공연계로 컴백, 〈42번가〉, 〈아가씨와 건달들〉 등 뮤지컬 공연을 무대에 올리며 본격 공연 기획자로 변신. 2005년 가을, 뜻 맞는 사람들과 함께 공연기획사를 창립해 〈STOMP 오리지널 팀〉공연을 시작으로 〈2006 윤도현밴드 전국투어〉 등 진행했다.

나를 둘러싼 사람들이 *
학교이고
선생님이다

최.
민.
희.

공연 기획자

나의 부족함을 채워주는 사람들이 있다.
일하면서 만나는 다양한 분야의 많은 사람들,
그들과의 관계 속에서 참으로 많은 것을 배우며 나를 채워왔다.
모든 인간관계는 어떤 목적 없이 순수해야 하고 진심이어야 한다.
그래야 오래 관계를 유지할 수 있다. 그렇게 인생의 동료이자 선배이고
나의 재산이 된 사람들, 그들은 내 인생의 진정한 스승이다.

女自 여자의 발견

최민희를 처음 만난 건 록 밴드 '디아블로'의 매니저로 일할 때였다. 2000년쯤이니 그녀와의 인연도 이제 7년째에 접어들고 있다. 그녀의 살아온 이야기를 들을 때마다 '참, 파란만장한 인생이구나' 하고 생각한다. 음악을 좋아하고 공연계에 있다는 것 자체가 색다른 인생일 거라는 짐작은 들었지만, 첫 사회생활을 시작한 스무 살부터 많은 경험을 하며 자신의 길을 확고히 한 서른이 되기까지 그녀에게 일어난 많은 일들이 그저 한 시절의 에피소드로만 들리지는 않는다. 또한 사람 인생은 정말 알 수 없는 요지경 속이라는 생각도 일견 든다.

그녀의 파란만장 스토리를 독자들에게도 들려주고 싶다. 그녀의 짧은 인성, 긴 이야기를 모두 들려줄 수 없는 것이 안타까울 뿐이다. 최민희의 이야기를 듣고 나면 언제나 그녀가 택한 길을 응원하게 되었던 나처럼, 여러분도 그녀의 인생에 더불어 자신의 인생에 응원을 보내게 될 것이라 생각한다.

파란만장 인생기 Part 1. 드디어 좋아하는 일을 찾다

"고등학교를 졸업하자마자 병원의 의국 사무실을 운영하며 관리 업무를 했었는데 나중에 생각하니 그때 관리 파트 일을 했던 경험들이 회사 업무의 기본을 알게 해주는 계기가 되었더라고요. 하지만 어린 나이에 사무실에 앉아서 매일 똑같은 일을 하다 보니 재미없고 무기력해져갔어요. 그래서 회사가 끝나면 무언가 배워야겠다는 생각으로 예술 전문 학교에서 퍼포먼스 관련 공부를 하게 되었죠. 지금 생각하면 병원 일이 끝나기 무섭게 학교로 달려가던 그때가 가장 열정 가득한 시절이었던 것 같아요."

최민희는 예술학교를 다니면서 어려서부터 좋아하던 록 음악에 본격적으로 발을 들여놓게 된다. 듣는 것만 좋아했지 자신이 음악을 할 수 있을 거라 생각한 적은 없지만 학교를 다니며 드럼에 소질이 있다는 것을 발견했고 열심히 배우고 연습한 끝에 밴드의 드러머가 되었다. 드럼을 치면서 음악쪽 일을 해야겠다는 확신이 들어 병원을 그만두었지만 비주류 음악계에 몸담고 있는 대부분의 사람들이 그렇듯 배고픈 나날들을 보내게 된다.

"음악 한답시고 집에서 나와 모든 것을 혼자 해결해야 했어요. 생활비가 필요했죠. 그래서 밴드 활동을 하며 공연 진행 파트에서 아르바이트를 했어요. 솔직히 그 일은 자원봉사에 가까울 정도로 페이가 짜서 다른 아이들처럼 좋아하는 음악 일이니까, 하고 만족할 수만은 없었어요. 절실하게 돈을 벌어야 했거든요. 다행히 병원 의국 업무 경력이 도움이 되어 한 에이전시 회사에 마케팅팀에 취업하게 되었어요. 비정규직인데다 처음 배우는 일이라 힘들기도 했지만 그때 공연 마케팅에 흥미를 느끼게 됐어요."

최민희는 일을 할수록 다양한 분야의 마케팅을 배워야겠다고 생각했다. 고심 끝에 좀더 규모가 큰 회사로 옮기자 결심하고 다시 한 번 이직을 한다. 이벤트, 광고, 프로모션 등 다양한 일을 하는 회사로 그곳에서 일에 대한 시야도 넓어지고 다양한 현장 경험들로 순발력과 행사 진행 능력, 여러 분야의 기획 업무까지 제대로 배우게 된다. 그때 배운 것들은 돈 주고도 배울 수 없는 살아 있는 업무 능력으로 최민희에게 성장해갈 수 있는 밑거름이 되었다. 그러나 입사 1년이 지나도록 공연쪽 일은 기회가 없었다. 그때부터 겉돌기 시작했고, 결국 음악과 공연 관련 엔터테인먼트 회사에 들어가자 마음먹고 사표를 낸다.

지금까지가 최민희의 20대 전반기 스토리다. 비슷한 또래들이 대학에서 열심히 공부하고 있을 때 그녀는 현장에서 이론과 실무를 함께 배웠고, 그것이 전문가로서 성장할 수 있는 능력과 성숙한 마인드를 갖게 해 주었다. 현장에서 일하며 공연과 마케팅 업무에 대한 욕심이 생겼고, 회사를 옮기며 목적하는 바에 가까이 다가가고 있었다. 회사를 그만둘 때마다 의리 없어 보이지 않을까, 너무 자주 옮긴다는 이야기를 듣지 않을까 걱정도 많이 했단다. 그러나 일을 알아갈수록 하고 싶은 일에 대한 확신이 들었고, 자신에게 맞는 회사와 일을 찾아가게 된다.

파란만장 인생기 Part 2. 그러나 잠시 우회도로로…

다섯 번째로 옮긴 직장은 공연을 주로 하는 엔터테인먼트 회사로, 최민희는 밴드 '디아블로'의 매니지먼트와 공연 기획 업무를 함께 한다. 가장 좋아하는 록 음악과 관련된 일이었고 공연을 만들고, 공연에 참가도 하고, 밴드의 매니저라는 색다른 경험도 하면서 마냥 즐겁기만 했다. 정말 하고 싶었던 일을 집중적으로 해본 시기였다고.

"좋아하는 록 음악을 하는 이들을 위해 일하고 공연을 만든다는 게 너무나 즐거웠어요. 매니저라는 직업도 색다른 경험이었고 공연계는 물론 방송이나 신문, 잡지 등 다양한 분야의 사람들도 알게 되었죠. 그때 협찬으로 오가며 알고 지내던 협찬사 홍보 마케팅 담당자분이 그간의 경험과 프로필이 스타 마케팅에 적합하다며 스카우트 제의를 해왔어요. 전혀 다른 길이지만 어쩌면 내 인생의 중요한 기회가 될 거라는 생각이 들더군요. 주변 사람들에게 더 이상 회사에 대한 설명을 하지 않아도 모두 알 만큼 유명한 A사라는 것도 좋았지만, 스타 마케팅이라는 분야를 배울 수 있는 기회라는 것에 더욱 끌렸어요.”

2002년 월드컵과 함께 A사에 근무했던 시절은 다른 어떤 회사에서보다 일과 회사 모두에 대한 애정이 깊었던 때다. 새로운 분야였기에 힘들기도 했지만 힘든 만큼 재미와 보람이 있었기에 견딜 수 있었다. 그러나 최민희를 다시 1년 만에 회사를 그만두게 한 건 그동안 느껴보지 못했던 사람에 대한 회의였다. 음악과 공연 자체를 좋아하는 사람들이 모여 일했던 지난 시절들은 일이 힘들어도 좋은 사람 덕분에 참을 수 있었다. 그러나 이곳에서는 반대였다. 최민희를 스카우트한 상사는 알고 보니 회사에서 인정받지 못하는 아웃사이더였고, 오너에게 아부를 일삼으며 모든 스트레스를 그녀에게 풀었다. 화장실에서 혼자 울면서도 ‘나를 데려와준 사람이니 참자’ 다짐하기도 수차례, 마음의 상처가 깊어갈수록 공연 일과 사람들에 대한 그리움은 커져만 갔다. 스타 마케팅을 배우기에 1년이라는 시간은 충분하다고 생각했고, 미련을 버리고 공연계로 돌아가자 결심하게 된다. 그 힘들다는 인간관계 대처법도 배웠고, 마케팅 업무의 폭도 넓힌 터라 공연기획 일을 더욱 잘할 수 있을 거라 생각했다. 결국 자신이 몸담을 곳은 공연계라는 것을 깨달은 시간이었다.

“회사를 그만둘 때 가슴 속에 태풍이 지나가는 것 같았죠. 일하는 사람과의 관계가 좋지 않으면 아무리 좋아하는 일과 회사라도 그것을 버릴 수밖에요. 하고픈 일을 하는 것보다 그들을 떠나는 게 행복한 일이라 생각했어요. 몇몇 사람들은 세상이 다 그렇다며, 참고 견디라 했지만 사람 때문에 일도 싫어지고 출근이 두려웠으니 더 이상은 안 되겠더라고요. 세상에는 생각보다 좋은 사람도 많지만 상상할 수 없을 만큼 이상한 사람도 많아요."

세상 사람 모두 내 마음만 같으면 좋으련만 안타깝게도 그렇지 않은 것이 현실. 기본적으로 직원들을 우습게 생각하는 오너나 상사, 자기 콤플렉스를 감추기 위해 더 큰 목소리를 내고, 윗사람에게 아부해서 사방에 적이 많은 사람 등등 나쁜 인간 유형의 예를 모아보면 책 한 권도 모자랄 것이다. '굳이 그들과 힘 빼며 일하지 말자, 다른 좋은 회사와 좋은 상사를 찾아가는 것이 현명한 선택'이라는 것이 최민희의 조언이다.

돌아온 나의 고향, 다시 사람에게서 희망을 발견하다

회사를 그만두고 쉬면서 그동안 바쁘다는 핑계로 못 만난 사람들에게 인사하며 시간을 보냈다. 그러던 중 A사 시절 협찬으로 알게 된 뮤지컬 공연기획사에서 입사 제의를 받는다.

"A사에서 일하며 처음으로 뮤지컬을 접하게 되었는데, 후원이나 협찬을 하며 지켜보는 것만으로도 상당히 재미있더라고요. 콘서트는 전국 투어가 아닌 이상 한두 번에 끝나는데, 뮤지컬은 장기 공연이 대부분이고 투입되는 비용과 인력 규모도 커요. 분명 저에게는 새로운 세계를 만날 수 있는 제의였기 때문에 거절할 이유가 없었어요."

〈42번가〉, 〈아가씨와 건달들〉 등 큰 공연들을 무대에 올리는 사이 1년이라는 시간이 흘렀고 기대했던 대로 새로운 세상이 열렸다. 두 작품을 끝내놓고 보니 어느새 나이는 서른이 넘었고 먼 미래를 떠올리며 최민희는 남은 인생을 뮤지컬에 걸기로 했다. 공연 기획 파트에서 마케팅을 담당하고 있었지만 좀더 비중 있는 스태프로 참여하고 싶다는 욕심도 생겼다. 이런저런 고민을 하던 차에 최민희에게 뮤지컬 공연에 대해 많은 것을 가르쳐준 스승과 같은 상사가 함께 독립해서 회사를 만들어보자고 제안한다.

"제가 믿고 따르던 분이라 고민할 것도 없이 그러겠노라고 했어요. 스승님의 제안이기도 했지만 창립 멤버에 공연기획 팀장으로서 제 목소리도 더 낼 수 있으니 마다할 이유가 없었죠. 그렇게 인생의 마지막을 건 '내 회사'의 창립 멤버가 되어 남은 인생을 올인할 생각으로 열심히 일하고 있답니다."

10년이 넘는 사회생활 동안 정말 많은 일을 해보고 많은 회사를 옮겨다녔다. 그녀에게는 이직을 할 때 몇 가지 분명한 원칙이 있었다. 일하는 분야가 일관될 것, 생각과 달리 열정을 다해 일할 수 없는 상황이거나 가고자 하는 길과 멀어지면 과감하게 그만둘 것이었다. 협찬사에서 일했던 경험이 지금은 협찬을 받는 데 큰 도움이 되고 있으니 다른 분야의 일이었지만 시간 낭비는 아니었다.

직업을 고르는 것만큼 회사를 고르는 것도 중요하다. 최민희의 경우, 직업 선택은 잘했지만 회사 선택에서는 실수가 많았다고 한다. 유명한 회사라고 다 좋은 것도, 규모가 작은 회사라고 단점만 있는 것도 아니다. 자신의 능력을 최대한 끌어내줄 수 있는 회사, 최선을 다해 일하고 싶도록 만드는 회사를 선택해야 한다. 용의 꼬리가 될 것인지, 뱀의 머리가 될 것인지, 뱀을 나중에 용으로 만들 것인지 등등 고민해야 할 것들이 많다. 직접 경험을 통해서든, 간접 경험을 통해서든 기준을 만들어가는 것은 본인 몫이다.

"초등학교 2학년 때 잔다르크 전기를 읽고 너무 감동받아 여군이 되겠다고 결심한 적이 있는데, 고등학교 때 부모님의 반대가 심해 꿈이 무너지면서 방황도 많이 했어요. 방황에서 절 구해준 것이 음악이었죠. 늘 음악 소리에 저를 숨기곤 했죠. 가장 힘들 때 늘 옆에 있었으니 제가 음악을 떠나지 못하는가 봐요. 공연기획 일을 하며 새로운 꿈이 생겼어요. 그 꿈을 이루기 위해 조금씩 준비하고 있는데요, 우리나라에 우드스탁처럼 의미 있고 역사가 될 수 있는 대형 록 페스티벌을 만드는 거예요. 그 꿈을 이룬다면 죽을 때까지 내가 만든 페스티벌을 지켜내는 게 다음 꿈이 되겠죠. 정말 생각만 해도 가슴 벅찹니다."

꿈이 있기에 수많은 시련을 이겨내고 지금까지 왔다. 그리고 그 꿈을 이루기 위한 새로운 도약으로 회사의 창립 멤버가 되었으니 앞으로의 그녀의 행보가 기대된다.

나의 천직, 공연기획자의 삶을 위해 올인할 것

"준비 기간도 길고, 막을 내릴 때까지 해야 할 일도 많고, 흥행에 대한 정신적 스트레스도 많고, 공연은 정말 피를 말리는 작업이죠. 하지만 많은 이들이 공연을 봐주고 '저게 바로 내 작품이다!' 느낄 때의 쾌감은 말로 표현할 수 없어요. 특히 부모님이 딸이 만든 공연이라며 친구분들과 오셨다가 돌아가실 때의 환한 미소를 보면 더욱 뿌듯해요. 새로운 작품을 시작할 때마다 매번 새로운 인상이 펼쳐지는 것 같은 기분도 너무 좋고요."

최민희는 문화사업가이자 공연을 팔아야 하는 장사꾼이다. 행복을 파는 장사꾼 최민희는 어떤 노력들을 할까? 아무리 좋은 공연이라도 많은 이들이 봐야 성공이다. 그 점을 누구보다 잘 알고 있기에 공연 회사가 아니더라도 다양한 일반 기업들의 마케팅 툴에 대해서 항상 리서치하며 공부하고 아이디어를 얻어낸다. 또한 협력 업체 사람들, 공연계 친구들, 일하며 알게 된 언론계 사람들까지 다양한 친목모임에서 많은 정보를 얻고 마케팅에 활용한다고. 그들은 모두 고급 관객으로 새로운 트렌드를 잘 파악하고 있기 때문에 항상 그들의 이야기에 귀 기울이게 된단다. 이러한 과정 속에서 최민희만의 공연 마케팅 툴과 트렌드를 창조해가고 있는 것이다.

"공연이라는 것이 국내 공연뿐 아니라 해외 공연 팀 유치도 많기 때문에 지금은 해외 공연과 외국의 새로운 정보를 얻기 위해 영어 공부에 집중하고 있어요. 언어를 아는 만큼 일할 수 있는 범위가 넓어지기 때문에 꼭 배워야 하죠. 〈스톰프 오리지널 팀〉 공연 후 영어의 절실함을 더욱 깨달았어요. 사회생활은 노력의 연속이에요. 업무를 완벽하게 익혀도 세상이 늘 변하기 때문에 그것에 맞춰가려면 끊임없이 공부하는 수밖에요."

또한 최민희는 공연을 마음 편히 볼 수 없을 정도로 직업병에 시달린다. 공연을 보며 그냥 즐기고 싶지만 자신도 모르게 사운드를 체크하고 조명을 살피며 평가하고 분석하고 있기 때문. 그래서 마음 편하게 즐길 수 있는 것이 없을까 고민하다 영화를 보기로 했다. 그런데 최근에는 취미로 즐기는 영화마저도 일로 연결시킬 생각을 하고 있을 만큼 직업병이 시도 때도 없이 발동한다니 즐거운 고민이 아닐 수 없다.

일 외에 취미 하나쯤 가지고 있는 것은 스트레스 해소뿐 아니라 자신을 발전시키는 데 도움을 준다. 어차피 일만 하려고 사는 것도 아닌데, 스스로 강약을 조절하며 쉴 틈을 주어야 더욱 열심히 일할 수 있는 힘도 생길 것. 내 안의 것을 쏟아내며 일할 시기가 있다면, 다시 내면을 채우기 위한 재충전의 시간도 필요하다. 평소 가볍게 즐길 수 있는 취미생활을 갖는다면 스트레스나 매너리즘 따위는 모르고 일할 수 있을 것이다.

최민희의 또 하나의 당부는 새로운 것을 갈망하는 삶을 살자는 것이다. 새로운 사람을 만나서 알아가는 과정, 공연 하나를 끝내고 새로운 공연을 준비하는 일, 새로운 곳에 가보는 것, 새로운 문화를 접하는 것 모두가 그녀에게는 가슴 설레는 일이다. 그러다보니 항상 새로운 마음가짐을 갖게 되고 다시 달릴 수 있는 힘을 얻는다고. 늘 하던 일, 늘 보는 것, 늘 먹는 것, 이런 것들로부터 벗어나 신선한 자극이 될 만한 것들에 나를 던져보자!

"바쁘게 살아온 저를 뒤돌아보면 일로 점철된 시간들이었어요. 그래서 항상 나의 부족함을 채우는 자기계발에 대한 필요성을 느끼면서도 현장에서의 경험에 만족해야 했죠. 그나마 한 가지 저의 부족함을 채워주는 것은 사람들과의 지속적인 관계예요. 일로 만났다 해도 더 알고 싶을 만큼 좋은 사람들을 보면 먼저 연락해서 조언도 구하고, 회사로 놀러가기도 하고, 공연에 초대하는 등 제가 먼저 다가가려고 노력해왔어요. 그들에게 무언가 얻기 위해서가 아니라 그냥 좋은 사람 옆에 있고 싶은 저의 진심이었죠. 그러니 그들도 저를 진심으로 대해주고요. 많은 이들이 그렇게 인생의 동료이자 선배이고 재산이 되었습니다. 정말 인복은 타고난 것 같아요. 그들은 항상 제가 힘들 때마다 일으켜 세워주고, 따끔한 충고로 정신도 차리게 해주었고, 손을 내밀어 잡아주기도 했어요. 그런 사람들이 제 곁에 있다는 것이 '운' 이라고 생각했는데, 저의 재산 1호 중 한 분이 그것마저도 저의 능력이라고 하시더군요. 자화자찬이 너무 심한가요?!"

좋은 사람들과의 좋은 인연은 아무리 강조해도 지나치지 않다. 그리고 그런 관계일수록 진심이어야 한다는 것 또한 마찬가지다. 진심은 진심으로 통한다. 사람들에게서 자신이 얻는 것이 많다고 하지만, 그녀가 아는 모든 이들도 최민희라는 사람에게서 많은 것을 얻으며 고마워하고 있을 것이다. 좋은 사람들을 곁에 두는 방법은 의외로 간단하다. 이해관계를 따지지 않고 인간적으로 다가갈 것. 간혹 나를 이용하는 사람도 있고 누군가는 뒤통수를 치기도 할 것이다. 그러나 그보다 더 많은 좋은 사람들이 곁에 남을 것은 필자인 내가 보장하겠다.

흥행 돌풍을 일으킨 영화 〈왕의 남자〉의 광대 장생의 '징한 놈의 이 세상, 한판 신나게 놀다 가면 그뿐' 이라는 대사가 떠오른다. 광대에게는 노는 것이 일이니 신나게 놀아야 후회 없는 인생일 터, 후회 없는 삶을 살기 위해 각자의 영역에서 우리도 한 번 신나게 놀아야 하지 않은가? 이제 막 새로운 회사를 만들고 첫 작품을 무대에 올린 공연 기획자 최민희, 그녀의 신명나는 놀이판을 기대해본다. 또한 파란만장 우여곡절 인생의 화룡정점이 될 한국판 우드스탁 개최의 꿈에 열렬한 응원을 보낸다.

Tip. 공연계 입문자들을 위한 최민희의 조언

01. 현장에서 직접 부딪치며 배우자!

책이나 경험자들의 이야기르만 공부하지 말자. 방학을 이용해 진행요원이나 홍보 도우미 등의 아르바이트를 해 보자. 대부분의 공연기획사들은 홈페이지에 아르바이트 모집 공고를 낸다.

—

02. 배우나 뮤지션에 대한 환상으로 일하지 말라!

간혹 아티스트를 만나고 싶은 마음으로 일하는 사람들이 있다. 아티스트는 당신이 만들어가야 할 공연의 한 부분이고 함께 일하는 동지다. 사적인 마음에서 자유로워 지자.

—

03. 기획 파트에 있어도 제작 파트를 공부하자!

기획 파트라고 무대나 조명 등 하드웨어를 모른다면 나중에 많은 리스크를 발생시킨다. 각각의 담당자를 억척스럽게 따라다니거나 관련 책을 읽어서라도 그들의 일을 파악하고 있어야 한다.

—

04. 모르는 것에 대해 부끄러워하지 말자!

모르는 것을 아는 척하고 혼자 해결하려다 시간만 낭비해 더 큰 피해를 줄 수 있다. 선배들은 질문이 많은 후배들을 좋아한다. 열심히 노하우를 캐내서 내 것으로 만들자.

—

05. 영어 공부에 집중하고 국제적 마인드를 키우자!

문화는 만국공통이다. 해외 공연도 할 수 있고 국내 공연을 해외에 수출하기도 한다. 비즈니스 영어를 배우자. 또한 외국의 관습에 대한 공부도 하자. 사소한 행동차이가 많은 오해를 불러온다. 21세기에 걸맞는 글로벌 마인드는 필수.

—

06. 사람이 재산이다, 친구를 만들자!

공연계에서는 다방면의 사람들을 만나게 된다. 한 번의 미팅으로 관계가 끝나는 경우도 있지만, 평생 동료가 되는 사람도 있다. 다른 분야라도 배울 게 있다. 보다 많은 친구를 만들자.

—

07. 매너리즘에 빠지지 않도록 노력하자!

기획 일을 하다 보면 관객의 요구를 파악하는 게 중요한데, 늘 하던 방식대로 진행하게 되는 경우가 많다. 하루살이 트렌드 시대다. 변화를 두려워하지 않는 마음가짐이 필요하다.

E pi l_o_g u e

20명의 소중한 인연, *
그들과 함께 나의 미래도 꿈꾼다

잡지를 만들면서 주말을 이용해 인터뷰를 하고 휴가를 써가며 최종 원고를 탈고하기까지 1년이라는 시간이 걸렸다. 앞서 소개한 20명 모두가 너무나 바쁘게 살아가는 열혈 우먼들인지라 그들의 일상을 비집고 들어가는 것이 쉬운 일은 아니었다. 짧게는 몇 개월, 길게는 7년이 넘는 시간 동안 알아온 나의 지인들, 나의 스승들. 그녀들을 만날 수 있었던 것은 바로 나의 직업인 잡지를 통해서였으니, 책을 완성해가며 내 밥벌이에 다시 한 번 뿌듯함을 느끼기도 했다. 무엇보다 내 옆에 좋은 사람들이 많다는 것이 이렇게 자랑스럽고 든든할 수 없다. 더불어 개인적으로 새로운 도전 과제를 무사히 해냈다는 것에서 열심히 살아갈 수 있는 무한한 에너지를 얻었다.

나의 미래, 내 선후배와 동료들의 미래, 모든 2030 여자들의 미래, 모두가 이스트를 머금은 밀가루 반죽처럼 희망을 먹고 마셔 한없이 부풀어 오르는 모습을 바라는 기쁨이란…. 언젠가 오븐에 들어가 완성된 빵이 되기까지 우리 모두는 자웅동체다. 그렇게 20인의 그녀들과 함께 한 1년 동안 나는 많이 배웠고 그만큼 성장했다.

인터뷰이 한 명, 한 명을 만나고 돌아오는 길은 언제나 즐거움 자체였다. 새로운 고민들이 생기고, 고민하던 것에 답을 얻기도 했지만 무엇보다 내 모습을 다시 바라보게 되었다. 그런 의미에서 나는 20개의 다양한 거울을 가진 셈이다. 이 사람을 통해 몰랐던 나의 이면을 발견하게 되고, 또 이 사람을 통해 잊고 있던 나의 모습을 다시 볼 수 있게 되었으니 말이다. 이 책을 읽고 있는 독자들도 필요할 때마다 꺼내볼 수 있는 20개의 거울이 생겼다. 그렇게 우리는 다른 사람을 통해 나를 보고, 그 속에서 지켜갈 것, 키워갈 것, 바꿀 것 등을 감지한다. 그것이 공부가 아닐까.

많은 이들이 살아가는 내내 공부하고 배워야 한다고 말한다. 가장 쉽게 시작할 수 있는 배움의 길은 주변 사람들을 관찰하는 일일 것. 앞에서 만났던 20명의 여전사들 외에 여러분 주변에 있는 사람들에게도 한 가지씩은 배울 점이 있을 것이다. 어떤 이는 정리를 잘하고, 어떤 이는 인사를 잘하고, 어떤 이는 컴퓨터를 잘 다루고, 어떤 이는 참 친절하고…, 그렇게 발견한 것을 응용해 '내 것'으로 만들면 된다.

인터뷰를 통해 모든 이들에게 많은 공감을 할 수 있었던 것은 나도 그러한 과정을 겪어왔기 때문이다. 이 사람의 이야기에서는 이런 부분이 나와 비슷하고, 이때 나는 이랬었는데 이 사람은 이렇게 풀어갔구나 하는 공감과 새로운 깨달음의 반복이었다. 이미 많은 부분을 20명을 통해 배웠다. 이제 마지막으로, 그녀들의 이야기에 내가 경험을 통해 깨달은 몇 가지를 덧붙인다.

나는 바람둥이다

어릴 적부터 못하는 것이 없는 아이였다. 공부, 미술, 음악, 운동, 글짓기 등 무엇이든 척척 해냈지만 고백하자면 아주 뛰어나게 잘하는 것은 없었다. 한 가지 분명한 것은 그 모든 것을 나 스스로 좋아했다는 것. 그래서 항상 이것저것 집적거리느라 바빴다. 대학 때도 마찬가지였다. 여행을 좋아해 여행 동아리 활동을 열심히 하면서도 매달 읽을 책 리스트를 작성해 용돈 받는 날이면 한꺼번에 구입해 한 달 내내 책 읽기에 바빴고, 일 년 내내 아르바이트를 하며 다양한 세상을 경험했는가 하면 학과 공부도 열심히 했다. 영화를 좋아해 일 년 동안 2백 편이 넘게 보기도 했고, 그때부터 사 모은 음반이 한 벽면을 차지하고 있을 정도다. 그렇게 세상 모든 것에 애정이 많다. 나의 사랑을 받는 것은 남자뿐 아니라 그 어떤 것이 될 수도 있다. 오랜 시간이 흐른 뒤에야 나의 이러한 잡식성 취향이 잡지 기자에 잘 맞는다는 것을 알았지만, 솔직히 대학 졸업 때까지 뭘 해야 할 지 전혀 알 수 없었다. 방송국, 음반사, 출판사, 잡지사 등에 원서를 넣었지만 모두 떨어졌다. 그래서 처음으로 나를 붙여준 회사에 들어갔지만, 그것이 실수였다. 내 인생에서 일 년이라는 시간을 허비했으니까.

내가 가장 자주 하는 말은 '너무 좋아!' 이다. 이것저것 호기심을 가지고 세상을 둘러보면 애정을 쏟을 만한 것들이 무수히 많다. 그것 때문에 사는 게 즐거워진다. 에너지가 생긴다. 그리고 정보가 쌓여간다. 많은 이들이 늘 여기저기 돌아다니며 즐겁게 일하고 노는 나를 보고 부러워하기도 한다. 어떤 친구들은 자신도 그렇게 살고 싶은데 어떻게 해야 하지 모르겠으니 데려가 달라고 하기도 하고…. 부러워 할 것도 따라할 것도 없다. 이미 세상의 수많은 즐거움들이 당신을 기다리고 있으니 스스로 움직이기만 하면 된다.

세상을 사랑하자. 기꺼이 바람둥이가 되자. 애정을 쏟으면 알고 싶어지고, 공부하게 된다. 그렇게 지식도 쌓여간다.

나는 공주다

나의 첫 번째 터닝 포인트는 나의 얼굴 표정을 바꾼 것이다. 늘 화난 듯 무표정이기 일쑤라 다가가기 어렵다는 말을 많이 들었다. 알고 나면 전혀 아닌데 첫인상은 비호감이라는 것. 그 말이 듣기 싫었다. 그래서 하루는 그것이 진짜인지 확인하기 위해 하루 종일 거울을 들여다보았다. 웃는 법을 아예 몰랐던 사람처럼 나의 웃는 모습이 굉장히 어색하다는 사실과 직면해야 했다. 계속 비호감이라는 소리를 듣고 살 것인가? 이건 아니다 싶었다. 그래서 나를 바꾸기로 결심했다. 사람들에게 예쁜 미소를 전해주기 위해 매일 시간만 나면 거울을 보고 웃는 연습을 했다. 이렇게 해도 어색하고, 저렇게 해도 어색하고…, 그러던 어느 날 가장 예뻐 보이는 표정을 발견했다. 사진 잘 나오는 각도도 알아냈다. 얼굴 근육이 당기도록 활짝 웃는 것! 그 후로 나는 가능한 한 사람들을 보면 활짝 웃는다. 덕분에 인터뷰 때문에 만나는 수많은 사람들과도 금세 친해질 수 있는 비결이 되었다.

그리고 거울을 열심히 보며 웃는 연습을 하던 그 때 비로소 나를 진정으로 사랑하게 되었다. 지금은 비록 일부러 웃는 연습을 하고 있지만, 앞으로는 자연스럽게 웃을 일만 생기도록 즐겁게 살자고 마음먹었다. 내가 즐거우니 남들도 즐겁더라. 나 스스로 아끼니 다른 사람들도 나를 아껴주더라. 그리고 나를 사랑하니 자연스레 자신감도 생겼다. '이 정도면 귀엽지 않냐?', '나 성격 진짜 좋지?', '어찌나 못하는 게 없는지' 라며 내 입으로 내 자랑하는 주문을 외면 주변 사람들이 처음엔 짜증을 내지만 그런 주문들이 '진짜' 인지 확인하려고 너게 관심을 갖고 결국 그들도 호응을 보내주는 때가 온다. 내가 자꾸 내 입으로 내 칭찬을 하는 것은 일종의 마인드 컨트롤이다. 나 스스로 나를 믿어야 사회생활하며 만나는 수많은 오해와 난관들을 지혜롭게 헤쳐 나갈 수 있다. 당신이 이 세상에서 최고로 잘났으니, 못할 것이 없다. 그 사실을 믿어라. 최소한 우리들 집에서 만큼은 공주가 아니던가!

나는 다중인격자다

20여 년이 넘게 내 성질대로 살아왔다. 학창시절까지는 그것이 먹혔지만 사회 생활은 달랐다. 그것이 '정의' 라고 생각되면 상하지위를 막론하고 바른 말을 해 대고, 화가 나면 화를 내고 좋으면 좋다고 말하며, 분명한 성격이라 자부하기까 지 했다. 사회에서 만나는 다양한 사람들을 내 스타일대로 대했다. 그러나 후배 들이 생기면서 내 맘대로 되지 않는다는 것을 알게 되었고, 인간관계가 힘들어 졌다. 선배들은 내 성격이 어떻든 일을 잘 해내니 마냥 예뻐했지만 후배들은 불 편함을 그대로 드러냈다. 그러면서 '사람을 어떻게 대해야 하나' 하는 고민이 생겼다. 늦은 고민에서 얻은 늦은 깨달음이었지만, 바로 그때 사람을 변화시키 기 위해서는 그 사람에 맞게 대해야 한다는 것을 느꼈다.

나는 누군가 나를 싫어하거나 비난하는 것을 못 견뎌 한다. 많은 이들에게 사랑 받으며 살고 싶은 기질을 가진 천생 여자다. 사람들을 내편으로 만드는 방법은 그들과 좋은 관계를 유지하는 것뿐이다. 저 아이는 칭찬을 많이 해주어야 하고, 저 아이는 강하게 어필해야 하고, 저 아이는 무조건 이야기를 들어주어야 하는 구나…, 그렇게 다양한 사람들을 이해하게 되니 사람 대하는 것이 편해졌고, 그 들도 나를 인정하기 시작하더라. 이것은 인터뷰를 할 때도 마찬가지다. 이야기 를 끌어내야 하는 기자의 입장에서 빠르게 그 사람을 파악해 자신의 이야기를 편하게 할 수 있도록 해야 한다. 성격이나 기질도 고칠 수 있다는 것을 깨달은 순간이다. 그런 과정을 지나고나니 어느새 내 별명이 '0480' 이 되었다. 4세부 터 80세까지 모두 친구라는 의미다. 사람이 재산이다. 기꺼이 그들을 위해 맞 춰줄 준비는 되어 있다. 이렇게 모든 인간관계가 편해진 것은 나의 경험과 함께 〈달라이라마의 행복론〉과 〈인듀어런스〉라는 책을 통해서였다. 그 책을 통해 나는 마음을 비우는 법과 사람에 대한 욕심을 더는 법, 그리고 진정한 리더십이 무엇인지 깨닫게 되었다.

나 는 무 식 하 다

한때 나는 세상에서 내가 가장 똑똑한 줄 알았다. 그래서 나보다 잘나가는 이를 보면 화가 나고 질투가 났다. 도대체 왜 저 사람은 정식 기자인데 나는 프리랜서로 일하고 있을까, 알 수 없었다. 그러나 잡지판에 들어와 내가 떨어진 공채 시험에 붙은 기자들을 보며 가장 먼저 깨달은 것은 나는 잘나지 않았다는 것이었다. 그동안 '우물 안 개구리'로 좁은 세상 안에서 살다가, 큰 세상에 나와 화려한 물고기들을 보며 비로소 준비되지 못한 초라한 내 모습을 보게 된 것이다. 잡지에 대해 아는 것 하나 없는 내가 한없이 작게만 느껴졌다. 차이를 인정하고 나니 그 다음은 쉬웠다. 그 차이를 좁히기 위해, 아니 뛰어넘기 위해 열심히 공부하고 일하면 될 테니까. 남들보다 1년 늦게 시작한 일이니 미친 듯이 열심히 할 수밖에 없었다. 그렇게 앞만 보고 일만 하다 정신을 차리고 보니 어느덧 3년이라는 세월이 흘러 있었다. 그리고 서 개의 잡지에서 정식 입사 제의를 받고 지금의 회사에 오게 되었다.

프리랜서 시절 한 칼럼이라도 일을 맡으면 '이건 내 잡지다'라는 생각으로 일했기 때문에 조직사회에 적응하는 것은 어렵지 않았다. 그리고 이미 나는 일을 통해서, 책을 통해서, 스스로 즐기는 문화생활을 통해서 얻은 많은 지식들로 어떤 질문에도 척척 답을 주고, 수많은 문제들을 해결해주는 '맥가이버'가 되어 있었다. 그런데도 나는 늘 쿠족함을 느낀다. 일을 하며 알게 된 다양한 분야의 사람들과 많은 이야기를 나누고 싶지만, 대화의 폭에 한계를 느낄 때마다 나의 무식함에 화가 난다. 잡지기자는 넓게 얕게 많이 아는 것이 중요하고 주변 기자들 중에 나만큼 다양한 분야를 섭렵한 사람도 없지만, 그 걸로는 부족했다. 그래서 늘 읽고, 보고, 질문하며 나의 지적 배고픔을 채워왔다. 부족하다고 생각되면 공부하고 노력하게 되고, 그 과정이 바로 나의 행복이다. 평생 지적 배고픔은 채워지지 않겠지만, 지금까지 그랬듯 나를 성장시켜갈 것은 분명하다.

나는 후회한다

앞에서 만나본 인터뷰이들은 대부분 지난 날에 후회는 없다고 말한다. 많은 부분, 예전의 내 모습에 아쉬움이 남고 후회가 많은 나로서는 가장 이해하기 힘든 부분이기도 했다. 지난 일이니 매달려봤자 소용없으니 포기할 수도 있겠지만, 나는 후회를 하고 또 하는 스타일이다. 다시 그 후회를 반복하지 않기 위해 노력하는 것이 나의 성장 비법이다. 그리고 그 후회를 만회하기 위해 할 일이 많으니 늘 분주하다.

나는 나의 첫 꿈이었던 과학고 진학이 무산되면서 자포자기해 고등학교 시절을 무의미하게 보낸 것을 후회한다. 대학시절, 아무 회사나 들어가 일 주일만에 이건 아니라는 것을 알았지만 의리 지킨다고 일 년이나 그 회사를 다닌 것을 후회한다. 프리랜서 기자 시절, 좀더 일찍 정식 기자로 들어갔어야 했는데 수입이 반으로 주는 게 아까워 3년이나 프리랜서로 일한 걸 후회한다. 선배들에게 대들었던 것도 후회하고, 사람들 마음에 상처 주는 말 했던 것도 후회하고, 오해가 생겼을 때 풀지 않고 넘어간 것도 후회하고…, 후회한다. 더 이상 후회하지 않기 위해 올바른 판단을 하려고 노력하고, 나를 제대로 보려 노력하고, 한 번 더 생각해본 후 말하려고 연습 중이며, 마흔 살 이후의 계획까지 세워놓고 차근차근 꿈을 이뤄가기 위해 노력 중이다.

세상에 대해 몰랐던 것이 너무 많았고, 그래서 고생도 많이 했지만 치열하게 열정적으로 살아왔다. 20대의 나에겐 모든 것이 분명해 보였다. 워낙 버라이어티한 사회생활이었기에 나름대로 '이럴 땐 이렇게' 의 원칙을 세우고 대처했다. 그러나 나이가 들수록 세상을 바라보는 새로운 시선이 내 안에서 생겨나기 시작했고, 하나가 아닌 여러 개의 길이 보이게 되었다. 좁은 등산로를 걷다가 갑자기 뻥 뚫린 능선에 올랐다고나 할까. 많은 선후배들이 나에게 카운슬링을 부탁했고 그들의 고민에 명확한 해답을 제시해주기도 했다.

그런데 정작 내 앞 길은 볼 수가 없었다. 무언가 돌파구가 필요했다. 잡지 일을 시작한 지 10년이 되었다는 것을 핑계 삼아 '새로운 시작'을 꿈꾸었고, '성공한 삶'에 대해서도 고민했다. 그동안 미뤄두었던 사진에 대한 공부도 시작했고, 잡지기자로서도 편집장이라는 목표를 세웠다. 그리고 무엇보다 세상 모든 여자들의 행복을 바라며 불특정다수의 멘토가 되어주자 생각했다. 나를 포함해 21명의 경험담을 통해 당신이 좀더 자신을 사랑하게 되고, 새로운 인생을 꿈꾸게 되었다면 그걸로 족하다. 당신도 우리처럼 경험하며 알아가야 할 것들이 있다. 이 책을 읽은 당신은 어쩌면 우리들보다 더 빨리 깨닫게 될 지도 모른다. 그때가 되면 '아~ 이제야 무슨 말인지 알겠어!'라고 무릎을 칠지도….

결국 인생의 모든 답은 당신 안에 있다.

"2030 여자들이여,
서로에게 **멘토**가
되어주자"

女自 **여자의 발견**
2030 여우들의 고군분투 사회생활기

출간기념 멘토링 캠페인

20인 뚝심 여전사들의 이야기, 재미있게 읽으셨어요?
이것은 바로 당신의 이야기고, 당신 친구나 선후배의 이야기고,
우리나라에서 사회생활을 하는 2030 여자들의 이야기입니다.
지친 2030 여자들이 서로에게 멘토가 되어줄 수 있다면
얼마나 더 단단해질지 안 봐도 비디오겠죠?
그래서 2030 여자들의 만남의 장을 마련했습니다.

*
2030womenselfhelp.cyworld.com
blog.naver.com/toni_choi
여기서 당신의 이야기를, 친구선후배들의 이야기를 나눠보아요!
추첨을 통해 2030 여자출판사 M&K의 출간도서와 다이어리를 선물하고
'2030 멘토 파티' 에 당신을 주인공으로 모십니다.

Fighting!